Santosh Ranganath Neelam

Qualità della vita lavorativa

ScienciaScripts

Imprint

Any brand names and product names mentioned in this book are subject to trademark, brand or patent protection and are trademarks or registered trademarks of their respective holders. The use of brand names, product names, common names, trade names, product descriptions etc. even without a particular marking in this work is in no way to be construed to mean that such names may be regarded as unrestricted in respect of trademark and brand protection legislation and could thus be used by anyone.

Cover image: www.ingimage.com

This book is a translation from the original published under ISBN 978-3-659-82748-8.

Publisher:
Sciencia Scripts
is a trademark of
Dodo Books Indian Ocean Ltd. and OmniScriptum S.R.L publishing group

120 High Road, East Finchley, London, N2 9ED, United Kingdom
Str. Armeneasca 28/1, office 1, Chisinau MD-2012, Republic of Moldova, Europe

ISBN: 978-620-8-34926-4

Copyright © Santosh Ranganath Neelam
Copyright © 2024 Dodo Books Indian Ocean Ltd. and OmniScriptum S.R.L publishing group

Contenuti

Contenuti 1

Introduzione 2

Profilo del settore 12

Quadro teorico dello studio 38

Analisi e interpretazione dei dati 64

Sintesi 77

Bibliografia 84

Introduzione

La qualità della vita lavorativa (QWL) è diventata una questione importante nelle imprese manifatturiere; in termini di condizioni di lavoro, le imprese orientate all'esportazione devono mantenere gli standard internazionali. Tuttavia, le condizioni di lavoro stanno cambiando a causa del progresso tecnologico. Inoltre, è stato osservato che la tecnologia ha cambiato anche la cultura del lavoro nelle imprese manifatturiere.

Qualità della vita lavorativa:

La qualità della vita lavorativa è un concetto degli scienziati comportamentali e il termine è stato introdotto per la prima volta da Davis nel 1972 (Mother, 1989; Han e Einstein, 1990). Secondo Robins (1990), la QWL è "un processo attraverso il quale un'organizzazione risponde alle esigenze dei dipendenti sviluppando meccanismi che consentono loro di partecipare pienamente alle decisioni che disegnano la loro vita sul lavoro". Gli elementi chiave della QWL presenti in letteratura includono la sicurezza del posto di lavoro, la soddisfazione lavorativa, un migliore sistema di ricompensa, i benefici per i dipendenti, il coinvolgimento dei dipendenti e le prestazioni dell'organizzazione (Haploid, 1991; Scobey, 1975). Ai fini di questo studio, la QWL è definita come la condizione e l'ambiente favorevoli per i dipendenti, il benessere dei dipendenti e l'atteggiamento del management nei confronti dei lavoratori operativi e dei dipendenti in generale.

QWL e fattori organizzativi:

La pratica della QWL comporta l'acquisizione, la formazione, lo sviluppo, la motivazione e la valutazione delle migliori prestazioni dei dipendenti in base agli obiettivi dell'organizzazione. In effetti, gli elementi fondamentali della QWL sono le condizioni di lavoro, la soddisfazione dei dipendenti, gli aspetti comportamentali dei dipendenti, i benefici finanziari e non finanziari, la crescita e lo sviluppo e la supervisione. La soddisfazione lavorativa può essere compresa spiegando che le persone desiderano venire al lavoro. Locke ha definito la soddisfazione lavorativa come "uno stato emotivo positivo derivante dalla valutazione del proprio lavoro o delle esperienze lavorative". Anche se vari ricercatori l'hanno identificata in modi diversi, concludendo che si tratta di una combinazione di circostanze fisiologiche, psicologiche e ambientali, il risultato di questa combinazione è la soddisfazione lavorativa di una persona. La soddisfazione lavorativa ha un impatto significativo sulla performance organizzativa in termini di salario,

Necessità dello studio

Nella società preindustriale il lavoro veniva svolto nella stessa comunità in cui si viveva. Si conosceva la persona che produceva le scarpe, i vestiti, il latte e il formaggio e i mobili. Si socializzava con queste stesse persone e le si aiutava in caso di bisogno. La duplice forza della riduzione del lavoro agricolo e dell'aumento del lavoro meccanico ha fatto sì che un numero maggiore di persone diventasse un lavoratore salariato che lavorava per altri (Brisker, 1996). Nel 1860, metà della popolazione attiva era costituita da lavoratori autonomi; nel 1900 due terzi erano salariati. Il lavoro divenne regolato dall'orologio, da standard uniformi e da supervisori. -La ragione esigeva che i lavoratori subordinassero la propria esperienza dei ritmi naturali alla logica dell'efficienza" (Brisker, 1996, p. 100).

L'era industriale ha separato il lavoro dalla comunità e ha creato l'organizzazione, la burocrazia per ospitare, organizzare e controllare il lavoro. Il contatto tra l'organizzazione in cui i dipendenti lavoravano e la comunità in cui vivevano era minimo o nullo. Il lavoro non era più parte integrante della vita della comunità, ma era distaccato, separato, contenuto in edifici e tempi specifici. Un'ipotesi è che la motivazione sia diventata un problema solo perché il significato è scomparso quando il lavoro è diventato separato dal resto della vita e della comunità (Severs, 1984). -Di conseguenza, le teorie sulla motivazione sono diventate dei surrogati della ricerca di significato" (Severs, 1984, p. 3). Wall Street ha ulteriormente separato i proprietari dai dipendenti. I dipendenti venivano pagati per il lavoro svolto e i proprietari/investitori ricevevano dividendi basati sui profitti dell'azienda. Inoltre, i contatti tra proprietari/investitori e dipendenti erano scarsi o nulli.

L'evoluzione del movimento vita-lavoro:

Colui che potrebbe essere stato il primo umanista della rivoluzione industriale è stato in realtà considerato anti-umanista dalla maggior parte delle persone. Frederick Taylor era noto soprattutto per i suoi studi sul tempo e sul movimento, che sono stati considerati disumanizzanti perché davano alla dirigenza un rigido controllo sulle prestazioni dei lavoratori. Peter Ducker ha affermato: "Taylor, tra tutti i suoi contemporanei, meritava davvero il titolo di umanista". Il movimento delle dinamiche di gruppo, e in particolare la formazione t-group/laboratoriale, è stato il primo movimento a concentrarsi sull'uomo nei gruppi e successivamente nelle organizzazioni. Il National Training Laboratories e la sua controparte nel Regno Unito, Tailstock, hanno lavorato per il riconoscimento del comportamento individuale e di gruppo come componente critica di un gruppo di lavoro efficace e di un'organizzazione produttiva (French e Bell, 1999). Boon e Tryst di Tailstock avevano contatti regolari con Liker, Argyrols e altri negli Stati Uniti, e la rivista Human Relations era una pubblicazione congiunta di Tailstock e del MIT. Questo movimento si è poi trasformato nel concetto di sviluppo organizzativo, che ha sempre avuto l'individuo al centro del proprio sistema di valori.

Scopo dello studio:

Lo scopo di questo studio è stato quello di esaminare la cultura organizzativa delle organizzazioni considerate ambienti di lavoro favorevoli ai dipendenti. La domanda di ricerca era: in che modo i programmi e le politiche per la vita privata e lavorativa si relazionano con la cultura di un'organizzazione? Le sottodomande erano: come fanno le organizzazioni a essere considerate un posto migliore in cui lavorare? Quali programmi, politiche e pratiche promuovono un ambiente di lavoro umano? Negli Stati Uniti, le politiche e i programmi per la vita privata e lavorativa sono diventati sinonimo di organizzazioni umane e favorevoli ai dipendenti. I 100 Best Places to Work For della rivista Fortune e numerosi altri elenchi sponsorizzati dei "migliori posti per ..." sono spesso la prima risorsa consultata da chi cerca lavoro. Le relazioni pubbliche e i materiali di reclutamento delle organizzazioni proclamano con orgoglio l'inclusione in una o più liste. Ma le ricerche sulla relazione tra i programmi sponsorizzati sono state scarse.

Ambito dello studio:

1. Analizzare la disponibilità al cambiamento dell'organizzazione

Prima di avviare una grande iniziativa di cambiamento, è necessario analizzare il clima e l'ambiente. Ciò include l'esame della storia degli sforzi di cambiamento passati e la valutazione dell'ambiente attuale per individuare eventuali opportunità. Lewis (2001) ha sottolineato che il cambiamento organizzativo, come l'accettazione di politiche favorevoli alla famiglia che vanno contro le norme sociali radicate del modello di lavoro maschile, non avviene nel vuoto. Ascoltando le persone che parlano di tentativi falliti di implementare un cambiamento, si sente spesso dire: "La cultura qui non lo supporta", oppure "Il clima non era adatto per realizzarlo". I tentativi delle organizzazioni di cambiare la cultura in generale sono pieni di grandi aspettative. Tuttavia, quando non riescono ad attecchire e a produrre i risultati sperati, si può verificare un ciclo continuo di nuovi cambiamenti e ulteriori delusioni (Schneider, Brief e Gusto 1996).

2. Visione e strategia condivise

La creazione della visione è fondamentale perché può guidare il cambiamento desiderato, ma solo se riflette i valori e la filosofia dell'organizzazione (Jack 1991). Ogni programma vita-lavoro, e in particolare la strategia vita-lavoro, dipende fortemente dall'azienda in cui si trova. Ecco perché "quando hai visto un programma vita-lavoro, hai visto un programma vita-lavoro". La strategia work-life deve essere in linea con la strategia total rewards e la strategia HR complessiva, e le tre devono essere in linea con il piano aziendale, la strategia e la filosofia dell'azienda. Poiché la vita professionale è a valle di questo flusso, la strategia deve essere immaginabile, desiderabile, fattibile, mirata, flessibile e comunicabile.

3. Creare un senso di urgenza

L'importanza di creare un senso di urgenza non può essere sottovalutata (Katter 1996). L'urgenza per gli sforzi di work-life - spesso citata dalle organizzazioni leader - è la necessità di attrarre e trattenere i talenti. Un'organizzazione precariamente vicina alla bancarotta o che sta perdendo la sua posizione sul mercato adotterà un senso di urgenza più facilmente di una che sta prosperando (Jack 1991). Purtroppo, molte organizzazioni sono in parte particolarmente resistenti al cambiamento a causa della mancanza di urgenza. Il rischio è quello di apparire come "piccoli polli", quindi è necessario disporre di dati che mostrino le tendenze che interessano i responsabili delle decisioni.

4. Coinvolgere tutte le parti interessate

Il vero cambiamento organizzativo deve coinvolgere tutti, dal personale di supporto al presidente. Idealmente, l'amministratore delegato dell'organizzazione si farà promotore dell'impegno a favore della vita privata e lavorativa, in quanto l'amministratore delegato ha un'influenza maggiore su uno sforzo di cambiamento rispetto ad altri fattori di cambiamento (Stein 1990, Thackeray 1986). Se i leader riconoscono l'importanza complementare delle priorità vita-lavoro per il successo aziendale, influenzano fortemente l'integrazione di questo approccio nella costruzione di un ambiente di lavoro di supporto.

5. Pianificazione della valutazione

Una delle critiche più sentite sul cambiamento culturale è che spesso il risultato non è mai identificato né basato su risultati misurabili. È possibile misurare obiettivi quali una maggiore fedeltà dei dipendenti, un miglioramento del morale, una diminuzione dell'assenteismo, un miglioramento delle assunzioni o un aumento dei tassi di retention. La chiave sta nel determinare cosa può essere misurato regolarmente e se sarà accettato da tutta l'organizzazione come realistico e utile La fase di preparazione ruota attorno all'identificazione del problema, di ciò che si intende cambiare e di come verrà misurato.

6. Rafforzare il cambiamento

La maggior parte degli sforzi di cambiamento fallisce a causa dello scarso seguito dato alla nuova formazione e della scarsa attenzione agli obiettivi e alla direzione del cambiamento (Schneider, Brief e Gusto 1996). Katter (1996) ha definito questa fase finale come "generazione di vittorie a breve termine", che deve concentrarsi sui miglioramenti visibili, ma anche su coloro che hanno realizzato il cambiamento. Il risultato finale è la creazione di una cultura che riconosca e faccia prosperare la continua necessità del cambiamento (Jack 1991).

7. Fasi di cambiamento vita-lavoro

Sebbene ogni leva sia utile, la sua efficacia aumenta se viene utilizzata al momento opportuno. Utilizzando come base il modello teorico Tran Stages of Change di Prochaska, si può determinare l'apertura del decisore alle informazioni e la sua disponibilità a considerare il sostegno a un'iniziativa di vita privata e lavorativa (cfr. Figura 1). Utilizzando la flessibilità del posto di lavoro (orario flessibile, telelavoro, lavoro part-time) come esempio, questo documento discute il modello.

8. Precontemplazione

Nella fase di precontemplazione, il decisore non è consapevole dei problemi e non pensa di apportare alcun cambiamento. Portare una proposta, o anche dei dati a sostegno di una proposta, è inefficace perché il decisore non è aperto all'ascolto. Anche se si può attribuire una quantità significativa di turnover a problemi di flessibilità sul posto di lavoro, il decisore vede la causa come qualcosa di completamente diverso ed etichetterà l'iniziativa di flessibilità come una "questione personale", qualcosa che l'azienda non affronterebbe mai.

9. Contemplazione

Come dice il nome, la "contemplazione" è proprio questo, pensarci. Sebbene i responsabili delle decisioni possano considerare la flessibilità del posto di lavoro più di una "questione personale", possono ancora emarginarla etichettandola come una "questione femminile" o una "questione generazionale". Tuttavia, questa fase cruciale è difficile da raggiungere ed è quella in cui la ricerca, le idee e le opzioni possono essere portate alla luce con il decisore.

10. Preparazione

Il decisore dispone di informazioni convincenti e di un certo senso di urgenza per agire sull'iniziativa di flessibilità del posto di lavoro. Il decisore sta iniziando a investire un po' di credibilità in questa iniziativa e ora la vedrà come una "questione di forza lavoro". La leva del "coinvolgimento di tutte le parti interessate" è ora la più efficace. Anche queste parti interessate devono essere trattate come decisori, quindi le precedenti leve -condivisione di visione e strategia e -creazione di un senso di urgenza sono utilizzate in modo simile.

11. Azione

Il progetto pilota ha avuto successo e ora i responsabili delle decisioni considerano la flessibilità del posto di lavoro come una questione aziendale. L'introduzione di modalità di lavoro flessibili richiederà la leva del "cambiamento totale dei sistemi". Gran parte o la maggior parte di ciò che sarà necessario deriverà da tutte le fasi e le leve precedenti, con una forte dipendenza dalle parti interessate.

12. Manutenzione

Si sarà tentati di affermare che il successo del progetto pilota e l'introduzione in tutta l'azienda di accordi di lavoro flessibile hanno cambiato la cultura organizzativa. Piuttosto, è più realistico capire che il clima è stato in parte modificato, a livello di pratiche e politiche. È il momento di usare la leva del "rinforzo del cambiamento". È quasi impossibile comunicare in modo eccessivo che cosa sono gli accordi di lavoro flessibile, come i dirigenti decidono chi li ottiene e come i dirigenti valutano i dipendenti che ne fanno parte.

Obiettivi dello studio

τ Studiare la qualità della vita lavorativa (QWL) dei dipendenti della Bharat Sanchar Nigam Limited, Srikakulam

- Scoprire come la qualità della vita lavorativa porti ad un'alta soddisfazione

- Conoscere le condizioni di lavoro esistenti, la salute e la sicurezza settoriale aiuta a migliorare la qualità della vita lavorativa.

- Studiare la partecipazione dei lavoratori nella Bharat Sanchar Nigam Limited, Srikakulam.

- Esaminare il programma di formazione e sviluppo aiuta a migliorare la qualità della vita lavorativa.

- Sapere come le varie attività di welfare e gli altri benefit contribuiscono a migliorare la qualità della vita lavorativa.

Ricerche passate sulla QWL: l'evoluzione della QWL è iniziata alla fine degli anni '60, enfatizzando le dimensioni umane del lavoro e concentrandosi sulla qualità della relazione tra il lavoratore e l'ambiente di lavoro. La QWL come disciplina è nata negli Stati Uniti nel settembre 1972, quando l'espressione è stata coniata in occasione di una conferenza sulla "democratizzazione del lavoro" tenutasi alla Arden House della Columbia University per discutere di due movimenti.

Carriera e QWL: una carriera è la sequenza evolutiva delle esperienze lavorative di una persona nel corso del tempo. La carriera nasce dall'interazione degli individui con le organizzazioni e la società. La carriera non è principalmente un costrutto teorico, ma viene utilizzata in modi significativi, le viene dato un senso e crea significato e anche esperienza. Più specificamente, si parla di carriera come di una successione di lavori correlati, disposti in una gerarchia di prestigio, attraverso i quali le persone si muovono in una sequenza ordinata e prevedibile.

Proposte: Sulla base della letteratura, è ragionevole suggerire che gli aspetti dello sviluppo della carriera, con riferimento alla soddisfazione e alla realizzazione della carriera, sono fattori che possono avere un impatto sulla QWL. Allo stesso modo, l'equilibrio della carriera, con la crescente indicazione del conflitto tra lavoro e vita familiare, è proposto come un altro fattore che determina la QWL. Gli elementi chiave della QWL includono la partecipazione alle decisioni, la ristrutturazione della natura del lavoro, il miglioramento dell'ambiente di lavoro e la definizione della struttura di ricompensa.

Metodo di ricerca: Questo studio ha utilizzato il metodo dell'indagine che consente un'ampia copertura, flessibilità e convenienza con input su popolazioni o eventi correlati. La raccolta dei dati è stata autosomministrata per determinare il livello di QWL. La partecipazione è stata garantita attraverso appuntamenti preventivi e il consenso tramite telefonate da parte dell'organizzazione. Ogni organizzazione è stata visitata almeno due volte dal ricercatore per stabilire un rapporto e rafforzare i contatti con i vertici aziendali e il relativo personale, al fine di garantire un'implementazione regolare della distribuzione e della raccolta dei questionari.

Sviluppo dello strumento: Poiché questa ricerca non è una replica di studi precedenti, il questionario è stato sviluppato attraverso una revisione della letteratura e si è adottato un approccio mix and match per modificare la frase o il ritiro completo laddove necessario per adattarlo al contesto locale. Mentre gli accademici hanno contribuito a valutare la validità del volto, i professionisti manageriali di una multinazionale hanno verificato la validità del contenuto.

Scala di risposta: È stata utilizzata una scala a dieci punti in cui 1 è "fortemente in disaccordo" e 10 "fortemente d'accordo". Il tipo di analisi statistica richiesta per questo studio (cioè l'analisi di regressione multipla) imponeva l'uso di una scala a intervalli, che garantisse che le distanze tra numeri adiacenti fossero uguali e non avessero uno zero vero[37].

Popolazione target e campione: È stata utilizzata una procedura di campionamento casuale stratificato. La selezione degli intervistati con questa tecnica prevede un elenco completo di aziende industriali, multinazionali (Mac) e piccole-medie industrie (Sim). Nell'arco di tre mesi è stato raggiunto un totale di 475 intervistati come buon rappresentante della popolazione target di circa 3.500 dirigenti.

Analisi dei dati: I dati quantitativi raccolti sono stati sottoposti a diverse analisi statistiche. La regressione a gradini, un metodo in cui ogni variabile predittiva viene selezionata per l'inclusione nel modello in base alla significatività della *statistica t* in una selezione graduale, è stata scelta sulla base della premessa che la multicollinearità, un problema comune nella regressione multipla, potesse essere in qualche modo aggirata.

Funzioni della gestione delle risorse umane

Ogni organizzazione ha determinate funzioni da svolgere. Queste funzioni della gestione delle risorse umane possono essere classificate a grandi linee in due categorie:

A.   Funzione manageriale:

Gestire le persone è l'essenza dell'essere manager. Come gli altri manager, il responsabile delle risorse umane svolge le funzioni di

> Pianificazione,
> Organizzazione,
> Regia e
> Controllo.

B.   Funzioni operative:

Le funzioni operative o di servizio della gestione delle risorse umane sono i compiti affidati al dipartimento del personale. Queste funzioni riguardano attività specifiche di approvvigionamento, sviluppo, retribuzione e mantenimento di una forza lavoro efficiente.

> Funzione di approvvigionamento
> Funzione di sviluppo
> Funzione di compensazione
> Funzione di integrazione
> Funzione di manutenzione

Metodologia

Tipi di dati:

Dati primari: si tratta di dati grezzi o principali, raccolti da varie fonti primarie, come l'interazione con i funzionari dell'organizzazione e i dati del campione.

Dati secondari: possiamo definirli come dati elaborati. I dati secondari aiutano a conoscere gli studi precedenti su quel particolare settore e forniscono informazioni complete per questo studio sotto forma di relazioni annuali, riviste, articoli e anche i dati elettronici sono chiamati dati secondari.

Dimensione del campione:

La dimensione del campione è 100

Scelta dei campioni:

I campioni sono stati scelti con un campionamento casuale.

Strumenti utilizzati per la raccolta dei dati:

Per la raccolta dei dati sono stati utilizzati dei questionari.

Strumenti statistici per l'analisi:

Per l'analisi dei dati è stato utilizzato il metodo del grafico a torta.

Limitazioni dello studio

- Questo metodo presenta diversi limiti. In primo luogo, il metodo di valutazione delle prestazioni è solo limitatamente affidabile e valido, quindi le informazioni potrebbero essere limitate a causa dei pregiudizi individuali di coloro che valutano o conducono i dati qualitativi, delle procedure di campionamento informale che utilizzano e delle difficoltà che incontrano nel registrare le informazioni, codificarle e infine analizzarle.

- Questo metodo, inoltre, non produce informazioni sistematiche e verificabili e quindi ha una bassa credibilità presso i decisori.

- Infine, il metodo della qualità della vita lavorativa produce solo dati qualitativi che potrebbero essere difficili da formulare e quantificare.

Profilo del settore
Introduzione all'industria delle telecomunicazioni:

L'industria indiana delle telecomunicazioni, con circa 584 milioni di connessioni di telefonia mobile a marzo 2010, è la terza rete di telecomunicazioni più grande al mondo e la seconda in termini di numero di connessioni wireless. L'industria indiana delle telecomunicazioni è quella che cresce più rapidamente al mondo e si prevede che l'India avrà un "miliardo e più" di utenti di telefonia mobile entro il 2015. Secondo le proiezioni di diverse società di consulenza leader a livello mondiale, la rete di telecomunicazioni wireless indiana supererà quella cinese nei prossimi due anni. Si prevede che il settore raggiungerà le dimensioni di 344.921 crore di Rs (76,92 miliardi di dollari) entro il 2012, con un tasso di crescita di oltre il 26%, e genererà opportunità di lavoro per circa 10 milioni di persone nello stesso periodo.Secondo gli annalisti, il settore creerebbe occupazione diretta per 2,8 milioni di persone e indiretta per 7 milioni. Sono stati compiuti sforzi sia a livello governativo che non governativo per migliorare le infrastrutture. L'idea è quella di aiutare le moderne tecnologie di telecomunicazione a servire tutti i segmenti della società indiana, culturalmente diversificata, e di trasformarla in un Paese di persone tecnologicamente consapevoli. È degno di nota il fatto che la base di abbonati alla telefonia mobile indiana sia cresciuta di 10 volte in soli 4 anni (da 7,56 milioni di abbonati nel dicembre 2001 a 75,94 milioni di abbonati nel dicembre 2005) e poi nei 4 anni successivi di 7 volte (da 75,94 milioni di abbonati nel dicembre 2005 a 525,94 milioni di abbonati nel dicembre 2009). Nei primi due mesi del 2010 si è registrato un record di 38,59 milioni di abbonati alla telefonia mobile.

Crescita moderna

La popolazione numerosa, i bassi livelli di penetrazione della telefonia e l'aumento del reddito e della spesa dei consumatori dovuto alla forte crescita economica hanno contribuito a rendere l'India il mercato delle telecomunicazioni in più rapida crescita al mondo. Il primo e più grande operatore è l'operatore storico BSNL, di proprietà dello Stato, che è anche la settima società di telecomunicazioni al mondo per numero di abbonati. La BSNL è nata dall'aziendalizzazione dell'ex DTS (Department of Telecommunication Services), un'unità governativa responsabile della fornitura di servizi di telefonia. Successivamente, dopo la revisione delle politiche di telecomunicazione per consentire l'ingresso di operatori privati, sono entrate nel settore società come Vodafone, Bharti Airtel, Tata Indicom, Idea Cellular, Aircel e Loop Mobile. vedi i principali operatori in India. Nel 2008-09, l'India rurale ha superato l'India urbana nel tasso di crescita della telefonia mobile. Il mercato indiano della telefonia mobile è quello che cresce più rapidamente al mondo, con le aziende che hanno aggiunto circa 19,1 milioni di nuovi clienti nel dicembre 2009. Il numero totale di telefoni nel Paese ha superato la soglia dei 543 milioni nell'ottobre 2009. La densità telefonica complessiva è aumentata al 44,85% nell'ottobre 2009.Telecom Regulatory Authority of India,Information note to the Press (Press Release No. 61 / 2007), 20 giugno 2007 Nel segmento wireless, nel dicembre 2009 sono stati aggiunti 19 milioni di abbonati. Il totale degli abbonati wireless (GSM, CDMA e WLL (F)) è ora di oltre 543,20 milioni. La base di abbonati al segmento wireline si è attestata a 37,06 milioni, con un calo di 0,12 milioni nel dicembre 2009.

La storia

Telecom in senso proprio significa trasferimento di informazioni tra due punti distanti nello spazio. Il significato popolare di telecomunicazione coinvolge sempre i segnali elettrici e oggi si esclude dal suo significato la posta o qualsiasi altro metodo di telecomunicazione grezzo. Pertanto, la storia delle telecomunicazioni indiane può iniziare con l'introduzione del telegrafo.

Introduzione del telegrafo:

I settori delle poste e delle telecomunicazioni hanno avuto un inizio lento e difficile in India. Nel 1850 fu avviata la prima linea telegrafica elettrica sperimentale tra Kolkata e Diamond Harbor. Nel 1851 fu inaugurata per la Compagnia britannica delle Indie orientali. All'epoca, il dipartimento delle Poste e Telegrafi occupava un piccolo angolo del Dipartimento dei Lavori Pubblici. La costruzione di 4.000 miglia (6.400 km) di linee telegrafiche che collegano Kolkata (Calcutta) e Peshawar a nord con Agra, Mumbai (Bombay) attraverso i Sindwa Ghats e Chennai a sud, oltre a Ootacamund e Bangalore, fu avviata nel novembre 1853. Il dottor William O'Shaughnessy, pioniere del telegrafo e del telefono in India, apparteneva al Dipartimento dei Lavori Pubblici. In questo periodo fece del suo meglio per lo sviluppo delle telecomunicazioni. Un dipartimento separato fu aperto nel 1854, quando le strutture telegrafiche furono aperte al pubblico.

Introduzione del telefono

Nel 1880, due compagnie telefoniche, la Oriental Telephone Company Ltd. e la Anglo-Indian Telephone Company Ltd., si rivolsero al governo indiano per stabilire delle centrali telefoniche in India. Il permesso fu rifiutato con la motivazione che la creazione di telefoni era un monopolio del governo e che il governo stesso avrebbe intrapreso il lavoro. Nel 1881, il governo cambiò la sua decisione precedente e fu concessa una licenza alla Oriental Telephone Company Limited dell'Inghilterra per l'apertura di centrali telefoniche a Kolkata, Mumbai, Chennai (Madras) e Ahmedabad. Il 28 gennaio 1882 è un giorno da ricordare nella storia del telefono in India. In questo giorno il maggiore E. Baring, membro del Consiglio del Governatore Generale dell'India, dichiarò aperte le centrali telefoniche di Kolkata, Chennai e Mumbai. La centrale di Kolkata, denominata "Central Exchange", fu aperta al terzo piano dell'edificio al 7 di Council House Street. La centrale telefonica contava 93 abbonati. Anche a Bombay fu aperta una centrale telefonica nel 1882.

Ulteriori sviluppi

- 1902 - Viene istituita la prima stazione telegrafica senza fili tra le isole Sagar e le isole di S. Antonio.
Teste di sabbia.

- 1907 - A Kanpur viene introdotta la prima batteria centrale di telefoni.

1913-1914 - Installazione della prima borsa automatica a Shimla.

23 luglio 1927 - Il sistema radiotelegrafico tra il Regno Unito e l'India, con stazioni di trasmissione a Khadki e Daund, viene inaugurato da Lord Irwin con lo scambio di saluti con il re d'Inghilterra.

- 1933 - Viene inaugurato il sistema radiotelefonico tra il Regno Unito e l'India.

- 1953 - Introduzione del sistema portante a 12 canali.

- 1960 - Viene messa in funzione la prima linea telefonica per gli abbonati tra Kanpur e Lucknow.

- 1975 - Viene messo in funzione il primo sistema PCM tra Mumbai City e Andheri. centrali telefoniche.

- 1976 - Viene introdotta la prima giunzione digitale a microonde.

- 1979 - Viene messo in funzione a Pune il primo sistema in fibra ottica per la giunzione locale.

- 1980 - Viene installata la prima stazione di terra satellitare per le comunicazioni nazionali a Secunderabad, A.P..

- 1983 - Prima borsa analogica Stored Program Control per linee dorsali commissionato a Mumbai.

- 1984 - Costituzione del C-DOT per lo sviluppo e la produzione interna di prodotti digitali. scambi.

- 1985 - A Delhi viene avviato il primo servizio di telefonia mobile su base non commerciale.

Mentre durante il periodo britannico tutte le principali città e paesi del Paese erano collegati con i telefoni, nel 1948 il numero totale di telefoni era solo di circa 80.000 unità. Anche dopo l'indipendenza, la crescita fu estremamente lenta. Il telefono era uno status symbol piuttosto che uno strumento di utilità. Il numero di telefoni è cresciuto lentamente fino a

980.000 nel 1971, 2,15 milioni nel 1981 e 5,07 milioni nel 1991, anno in cui sono state avviate le riforme economiche nel Paese.

Di tanto in tanto sono stati compiuti alcuni passi innovativi, come ad esempio l'introduzione del servizio telex a Mumbai nel 1953 e la messa in funzione della prima linea [subscriber trunk dialing] tra Delhi e Kanpur nel 1960.Tutti i villaggi saranno coperti da servizi di telecomunicazione entro la fine del 2002.

Politiche recenti delle telecomunicazioni indiane

- Il Communication Convergence Bill 2001, introdotto in Parlamento il 31 agosto 2001, è attualmente all'esame della Commissione parlamentare permanente per le telecomunicazioni e l'informatica.

- Il National Long Distance Service (NLD) è aperto all'ingresso illimitato.

- I servizi internazionali a lunga distanza (ILDS) sono stati aperti alla concorrenza.

- I servizi di base sono aperti alla concorrenza.

- Oltre ai tre esistenti, è stato autorizzato un quarto operatore cellulare, uno ciascuno in quattro metropoli e tredici circoli. Gli operatori cellulari possono fornire tutti i tipi di servizi mobili, compresi i messaggi vocali e non vocali, i servizi di dati e i PCO, utilizzando qualsiasi tipo di apparecchiatura di rete, compresi i commutatori di circuito e/o a pacchetto che soddisfano determinati standard.

- In base alla Nuova Politica delle Telecomunicazioni (NTP) del 1999, sono state annunciate politiche che consentono la partecipazione dei privati a diversi nuovi servizi, tra cui il servizio di comunicazione personale mobile globale via satellite (GMPCS), il servizio di radiofonia pubblica mobile digitale (PMRTS), il servizio di posta vocale/audiotex/messaggistica unificata.

- Il Wireless in Local Loop (WLL) è stato introdotto per fornire connessioni telefoniche in aree urbane, semi-urbane e rurali.

- Due PSU di telecomunicazioni, VSNL e HTL, sono state disinvestite.

- Si stanno adottando misure per adempiere all'Obbligo di Servizio Universale (USO), al suo finanziamento e alla sua gestione.

- È stata annunciata la decisione di autorizzare il servizio di telefonia mobile comunitaria.

- Sono state annunciate le linee guida per la concessione di licenze ai fornitori di servizi fissi multipli (FSP).

- I fornitori di servizi Internet (ISP) sono stati autorizzati a creare gateway Internet internazionali, sia satellitari che stazioni di atterraggio per cavi in fibra ottica sottomarini.

- Due categorie di fornitori di infrastrutture sono state autorizzate a fornire larghezza di banda end-to-end e fibra oscura, diritti di passaggio, torri, spazio per condotti ecc.

- Il governo ha emanato delle linee guida per l'apertura della telefonia via Internet (IP).

Liberalizzazione delle telecomunicazioni in India

La liberalizzazione iniziò nel 1981, quando il Primo Ministro Indira Gandhi firmò un contratto con la francese Alcatel CIT per la fusione con la compagnia statale di telecomunicazioni (ITI), nel tentativo di installare 5.000.000 di linee all'anno. Ma ben presto la politica fu abbandonata a causa dell'opposizione politica. Invitò Sam Pitroda, un NRI statunitense, a creare un Centro per lo sviluppo della telematica (C-DOT), ma il piano fallì per motivi politici. In questo periodo, dopo l'assassinio di Indira Gandhi, sotto la guida di Rajiv Gandhi vennero istituite molte organizzazioni del settore pubblico, come il Dipartimento delle Telecomunicazioni (DoT), VSNL e MTNL. In questo regime si verificarono molti sviluppi tecnologici, ma non fu permesso agli operatori stranieri di partecipare al settore delle telecomunicazioni.

La domanda di telefoni era in continuo aumento. In questo periodo il governo guidato da P.N Rao introdusse la politica nazionale delle telecomunicazioni (NTP) nel 1994, che portò cambiamenti nelle seguenti aree: proprietà, servizio e regolamentazione delle infrastrutture di telecomunicazione. Il governo riuscì anche a creare joint venture tra società di telecomunicazioni statali e operatori internazionali. Ma la proprietà completa delle strutture era ancora limitata alle sole organizzazioni statali.

In quel periodo, la Banca Mondiale e l'ITU avevano consigliato al governo indiano di liberalizzare i servizi a lunga distanza per liberare il monopolio della DoT e della VSNL, di proprietà dello Stato, e per consentire la concorrenza nel settore dei vettori a lunga distanza, che avrebbe contribuito a ridurre le tariffe e a migliorare l'economia del Paese.

Dopo il 1995 il governo ha istituito la TRAI (Telecom Regulatory Authority of India), che ha ridotto l'interferenza del governo nella decisione delle tariffe e nella definizione delle politiche. Il DoT si oppose. Nel 1999 i poteri politici cambiarono e il nuovo governo guidato da Atal Bihari Vajpayee fu più favorevole alle riforme e introdusse migliori politiche di liberalizzazione. Il governo diede vita a una divisione della DoT in due parti: una politica e l'altra di fornitura di servizi (DTS), che in seguito fu rinominata BSNL.

Ciò ha rappresentato una porta d'ingresso per molti investitori stranieri nel mercato indiano delle telecomunicazioni. Dopo il marzo 2000, il governo è diventato più liberale nell'elaborazione delle politiche e nel rilascio delle licenze agli operatori privati. Il governo ha ulteriormente ridotto le tariffe di licenza per i fornitori di servizi cellulari e ha aumentato la quota di partecipazione consentita alle società straniere al 74%. Grazie a tutti questi fattori, le tariffe dei servizi si sono finalmente ridotte e i costi delle chiamate sono stati notevolmente ridotti, consentendo a ogni famiglia della classe media indiana di permettersi un telefono cellulare. In India sono stati venduti quasi 32 milioni di telefoni. I dati rivelano il reale potenziale di crescita del mercato indiano della telefonia mobile.[10]

A marzo 2008 la base totale di abbonati a cellulari GSM e CDMA nel Paese era di 375 milioni, con una crescita di quasi il 50% rispetto all'anno precedente. [11] Poiché i cellulari cinesi senza marchio e privi di numero IMEI (International Mobile Equipment Identity) rappresentano un grave rischio per la sicurezza del Paese, gli operatori di rete mobile hanno previsto di sospendere l'uso di circa 30 milioni di cellulari (circa l'8% di tutti i cellulari del Paese) entro il 30 aprile. Nell'aprile 2008 il Dipartimento indiano delle telecomunicazioni (DoT) ha ordinato a tutti gli utenti di servizi di telefonia mobile di interrompere l'uso di telefoni cellulari cinesi senza marchio Crescita della tecnologia mobile.

L'India ha optato per l'utilizzo delle tecnologie GSM (global system for mobile communications) e CDMA (code-division multiple access) nel settore della telefonia mobile. Oltre alla telefonia fissa e mobile, alcune società forniscono anche il servizio WLL.

Le tariffe di telefonia mobile in India sono diventate le più basse al mondo. Una nuova connessione mobile può essere attivata con un impegno mensile di soli 0,15 dollari. Solo nel 2005 le aggiunte sono aumentate a circa 2 milioni al mese nel 2003-2004.

Struttura della rete

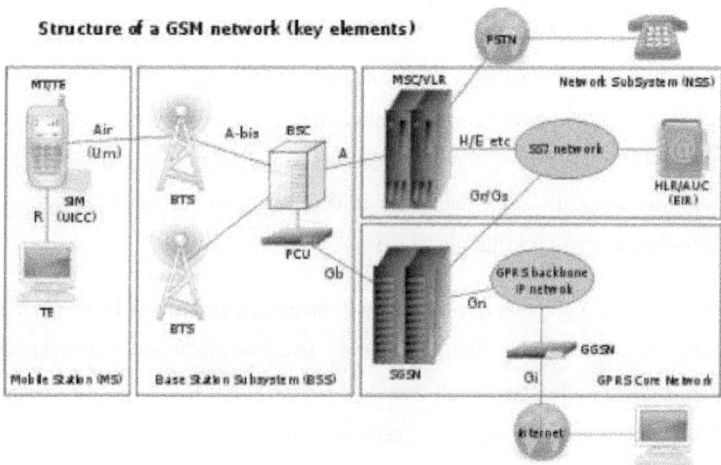

Principali servizi e potenzialità di mercato dell'industria delle telecomunicazioni in India

Il settore delle telecomunicazioni in India è principalmente suddiviso in due segmenti: fornitori di servizi fissi (FSP) e servizi cellulari. L'industria delle telecomunicazioni in India comprende alcuni servizi di telecomunicazione essenziali come il telefono, la radio, la televisione e Internet.

L'industria delle telecomunicazioni in India si concentra in particolare sulle tecnologie più recenti come GSM (Global System for Mobile Communications), CDMA (Code Division Multiple Access), PMRTS (Public Mobile Radio Trunking Services), linea fissa e WLL (Wireless Local Loop). L'India ha un mercato fiorente proprio nel settore dei servizi mobili GSM e il numero di abbonati sta crescendo molto rapidamente.

Prospettiva economica dell'industria delle telecomunicazioni in India

L'industria delle telecomunicazioni in India ha un ruolo fondamentale nell'economia indiana. Anche il governo indiano sta applicando alcune politiche e normative efficaci in materia di telecomunicazioni per la crescita infrastrutturale di questo settore. Il mercato indiano delle telecomunicazioni ha una densità telematica dell'8,5%, registrata nel 2004, e numerose multinazionali leader del settore si stanno avvicinando e dimostrando il loro interesse a investire nell'industria delle telecomunicazioni in India. L'industria delle telecomunicazioni indiana si è classificata al sesto posto tra tutti i settori delle telecomunicazioni nel mondo. Nel 2004, il numero totale di abbonamenti telefonici è stato di 93,2 dollari. Entrate e crescita.

Il fatturato totale del settore dei servizi di telecomunicazione è stato di 86.720 crore nel 2005-06 rispetto ai 71.674 crore del 2004-2005, registrando una crescita del 21%. Gli investimenti totali nel settore dei servizi di telecomunicazione hanno raggiunto i 200.660 milioni di Rupie nel 2005-06, rispetto ai 178.831 milioni di Rupie dell'anno precedente. Le telecomunicazioni sono l'ancora di salvezza dell'industria informatica in rapida crescita. La base di abbonati a Internet è salita a 6,94 milioni nel 2005-2006. Di questi, 1,35 milioni erano connessioni a banda larga. Oltre un miliardo di persone utilizza Internet a livello globale.

Nell'ambito del programma Bharat Nirman, il governo indiano garantirà l'allacciamento di 66.822 villaggi del paese che non sono ancora stati dotati di un telefono pubblico di villaggio (VPT). Tuttavia, sono stati sollevati dubbi su cosa significhi per i poveri del Paese.

È difficile valutare appieno il potenziale occupazionale del settore delle telecomunicazioni, ma l'enormità delle opportunità può essere valutata dal fatto che nel dicembre 2005 c'erano 3,7 milioni di uffici di chiamata pubblica, rispetto ai 2,3 milioni del dicembre 2004. Il mercato dei servizi a valore aggiunto (VAS) nell'ambito dell'industria della telefonia mobile in India ha il potenziale per crescere da 500 milioni di dollari nel 2006 a ben 10 miliardi di dollari entro il 2009.

Abbonati alla telefonia (wireless e fissa): 562,21 milioni (dicembre 2009)

Telefoni cellulari: 525,15 milioni (dicembre 2009)

Linee terrestri: 37,06 milioni (dicembre 2009)

Abbonamenti a banda larga: 7,83 milioni (dicembre 2009)

Aggiunta mensile di telefoni cellulari: 19,20 milioni (dicembre 2009)

Teledensità: 47,89% (dicembre 2009)

Previsione di teledensità: 893 milioni, 64,69% della popolazione entro il 2012.

Telefoni senza fili:

Il sistema di telecomunicazioni mobili in India è il secondo più grande al mondo ed è stato aperto agli operatori privati negli anni Novanta. Il Paese è diviso in più zone, chiamate circoli (approssimativamente lungo i confini degli Stati). Il governo e diversi operatori privati gestiscono servizi telefonici locali e interurbani. La concorrenza ha fatto scendere i prezzi e le chiamate in India sono tra le più economiche al mondo. Le tariffe dovrebbero scendere ulteriormente grazie alle nuove misure che verranno adottate dal Ministero dell'Informazione. Il servizio di telefonia mobile ha registrato una crescita fenomenale dal 2000. Nel settembre 2004, il numero di connessioni di telefonia mobile ha superato quello delle connessioni di rete fissa. L'India segue principalmente il sistema mobile GSM, nella banda dei 900 MHz. Recentemente gli operatori operano anche nella banda dei 1800 MHz. Gli operatori dominanti sono Airtel, Reliance Infocomm, Vodafone, Idea cellular e BSNL/MTNL. Esistono molti operatori minori, che operano solo in alcuni Stati.

Linee telefoniche fisse

Il servizio di telefonia fissa in India è gestito principalmente da BSNL/MTNL e Reliance Infocomm, anche se esistono diversi altri operatori privati, come Touchtel e Tata Teleservices. Le linee fisse devono affrontare la forte concorrenza della telefonia mobile. La concorrenza ha costretto i servizi di rete fissa a diventare più efficienti. La qualità della rete fissa è migliorata e le connessioni di rete fissa sono ora generalmente disponibili su richiesta, anche nelle aree urbane ad alta densità. La ripartizione della base di abbonati alla rete fissa in India a settembre 2009 è riportata di seguito.

Reti di nuova generazione

Le reti di nuova generazione, le reti di accesso multiple possono collegare i clienti a una rete principale basata sulla tecnologia IP. Queste reti di accesso includono reti in fibra ottica o via cavo coassiale collegate a postazioni fisse o a clienti connessi tramite wi fi, nonché a reti 3G collegate a utenti mobili. Di conseguenza, in futuro sarebbe impossibile identificare se la rete di nuova generazione è una rete fissa o mobile e la banda larga di accesso wireless verrebbe utilizzata sia per servizi fissi che mobili. Sarebbe quindi inutile distinguere tra reti fisse e mobili: sia gli utenti fissi che quelli mobili accederanno ai servizi attraverso un'unica rete principale.

Le reti di telecomunicazione indiane non sono così intensive come quelle dei Paesi sviluppati e la teledensità dell'India è bassa solo nelle aree rurali. I principali operatori hanno posato 670.000 chilometri di fibra ottica in India, anche in aree remote, e il processo continua. La sola BSNL ha posato la fibra ottica in 30.000 centrali telefoniche delle sue 36 centrali. Tenendo conto della fattibilità della fornitura di servizi nelle aree rurali, una soluzione interessante sembra essere quella che offre servizi multipli a costi contenuti.

Portabilità del numero mobile (MNP)

Portabilità del numero: Nella bozza del 23 settembre 2009, TRAI ha annunciato le norme e i regolamenti da seguire per la portabilità del numero mobile. La portabilità del numero mobile (MNP) consente agli utenti di mantenere il proprio numero, pur passando a un altro fornitore di servizi, a condizione che seguano le linee guida stabilite da TRAI. Gli utenti devono mantenere il numero di cellulare con un determinato operatore per almeno 90 giorni prima di decidere di passare a un altro operatore.

Secondo quanto riportato, il governo indiano ha deciso di implementare la MNP a partire dal 31 dicembre 2009 nelle metropolitane e nelle aree di servizio di categoria "A" ed entro il 20 marzo 2010 nel resto del Paese.

È stata posticipata al 31 marzo 2010 nelle metropolitane e nelle aree di servizio di categoria "A".

Internet

La base totale di abbonati a Internet in India è di 81 milioni nel 2009. Tuttavia, la penetrazione di Internet in India è una delle più basse al mondo, pari a circa il 7,0% della popolazione, rispetto ad altre nazioni come gli Stati Uniti, il Giappone o la Corea del Sud, dove la penetrazione di Internet è significativamente più alta che in India.

Il numero di connessioni a banda larga in India è in continua crescita dall'inizio del 2006. Alla fine di gennaio 2010, il totale delle connessioni a banda larga nel Paese ha raggiunto gli 8,03 milioni.

BSNL, Tata Teleservices, Airtel, Reliance Communications, Sify, MTNL, STPI, Netcom, Railtel, GAILTEL, You Telecom, Spice e Hathway sono alcuni dei principali ISP in India. Il TRAI ha definito la banda larga come 256 kbit/s o superiore. Tuttavia, molti ISP pubblicizzano il loro servizio come banda larga, ma non offrono le velocità suggerite. La banda larga in India è più costosa rispetto all'Europa occidentale, al Regno Unito e agli Stati Uniti.

Banda larga

L'attuale definizione di banda larga in India prevede una velocità di 256 kbit/s. Nel luglio 2009, il TRAI ha raccomandato di innalzare questo limite a 2 Mbps. A gennaio 2010, l'India conta 8,03 milioni di utenti a banda larga, pari al 6,0% della popolazione. Tuttavia, l'India si colloca tra i fornitori di velocità a banda larga più bassi rispetto ad altri Paesi come il Giappone, la Corea del Sud o la Francia. Nel settore della telefonia fissa, BSNL e MTNL sono gli operatori storici nelle rispettive aree di attività e continuano a godere dello status di fornitore di servizi dominante nel settore della telefonia fissa. Ad esempio, BSNL controlla il 79% della quota di telefonia fissa nel Paese.

Nel settore della telefonia mobile, invece, Airtel controlla il 21,4% della base di abbonati, seguita da Reliance con il 20,3%, BSNL con il 18,6% e Vodafone con il 14,7% (secondo i dati di giugno 2005).

Airtel e BSNL hanno lanciato di recente servizi Internet a banda larga a 8 Mbit/s e Reliance Communication offre servizi a banda larga a 10 Mb/s in aree selezionate. Airtel fornisce attualmente una velocità fino a 24 Mbit/s. Per gli utenti domestici, la velocità massima per i download illimitati è di 2 Mbit/s, disponibile per 25 dollari (circa, senza tasse) al mese.

Leader nelle telecomunicazioni in India

Bharat Sanchar Nigam Limited,

Mahanagar Telephone Nigam Limited (MTNL),

Videsh Sanchar Nigam Limited (VSNL),

Bharti Airtel,

Tata Teleservices,

Aircel,

Idea e Reliance sono i principali fornitori di servizi di telecomunicazione in India.

Profilo aziendale

Bharat Sanchar Nigam Ltd (BSNL), la versione aziendale dell'ex DOT, è nata il 1^{ost} ottobre 2000. Dalla costituzione di BSNL, lo scenario indiano delle telecomunicazioni si è trasformato in un mercato a più operatori e a più prodotti, con dimensioni e segmenti di mercato diversi. Nell'ambito dei servizi telefonici di base, la catena del valore si è suddivisa in servizi di base, operatori a lunga distanza e operatori internazionali a lunga distanza. **Bharat Sanchar Nigam Limited** (nota come **BSNL**, India Communications Corporation Limited) è una società di telecomunicazioni di proprietà dello Stato in India. BSNL è il quarto fornitore di servizi cellulari, con oltre 63,45 milioni di clienti a marzo 2010, e il più grande fornitore di telefonia fissa in India. La sua sede centrale è a Bharat Sanchar Bhawan, Harish Chandra Mathur Lane, Janpath, Nuova Delhi. Ha lo status di Mini Ratna, uno status assegnato a rinomate aziende del settore pubblico in India.

BSNL è il più antico e più grande fornitore di servizi di comunicazione (CSP) dell'India.[1] Attualmente ha una base di 90 milioni di clienti a giugno 2008. È presente in tutta l'India, ad eccezione delle città metropolitane di Mumbai e Nuova Delhi, gestite da MTNL. Al 31 marzo 2008 BSNL aveva una base clienti di 31,55 milioni di abbonati Wireline, 4,58 milioni di CDMA-WLL e 54,21 milioni di GSM Mobile. I guadagni di BSNL per l'anno finanziario conclusosi il 31 marzo 2009 sono stati pari a 397,15 miliardi di INR (7,03 miliardi di dollari) con un utile netto di 78,06 miliardi di INR (1,90 miliardi di dollari). BSNL ha un valore di mercato stimato di 100 miliardi di dollari.

Logo di BSNL

VISIONE:

Diventare il più grande fornitore di servizi di telecomunicazione in Asia.

MISSIONE :

Fornire ai propri clienti servizi di telecomunicazione tecnologicamente all'avanguardia, su richiesta e a prezzi competitivi.

Fornire un'infrastruttura di telecomunicazioni di livello mondiale nella propria area di attività e contribuire alla crescita dell'economia del Paese.

Obiettivi:

- Essere il principale fornitore di servizi di telecomunicazione e fornire ai nostri clienti un servizio di telecomunicazione fissa affidabile e di qualità, aumentando così la fiducia dei clienti.

- Fornire un servizio di telefonia mobile di alta qualità e diventare l'operatore gsm n. 1 nella sua area di attività. 1 operatore gsm nella sua area di attività.

- Fornire tempestivamente punti di interconnessione ad altri fornitori di servizi in base alle loro richieste.

- Facilitare l'attività di R&S nel Paese.

Contribuire a:

- Obiettivo del piano nazionale: 500 milioni di abbonati in India entro il 2010.

- Base di clienti a banda larga di 20 milioni in India entro il 2010, come previsto dalla politica sulla banda larga del 2004.

- Implementazione del Triple play come proposta commerciale regolare.

Risultati:

La famiglia BSNL conta più di 67 milioni di clienti soddisfatti in ogni angolo di questo vasto paese.

BSNL è la prima società di telecomunicazioni dell'India, con la maggiore quota di mercato nei servizi di telefonia fissa a banda larga, Internet e interurbane nazionali. Siamo vicini al leader del settore nei servizi di telefonia mobile, interurbani internazionali e VSAT. L'azienda fornisce servizi di telecomunicazione integrati senza soluzione di continuità con una copertura pan-industriale. Tutto ciò è possibile grazie alla fiducia e al sostegno di clienti soddisfatti e fedeli come voi.

Recentemente BSNL ha avviato molti servizi a valore aggiunto su linee fisse, servizi mobili e servizi a banda larga. È possibile accedere a questi servizi su IVRS (servizi integrati di risposta vocale) di linee fisse componendo il codice 125XXX.L'IVRS di linee fisse fornisce cricket in diretta, oroscopo, risultati di elettroni, risultati di esami, ecc. Allo stesso modo i servizi a valore aggiunto su IVRS sono disponibili anche su mobile componendo lo stesso codice. Recentemente BSNL ha lanciato i servizi di raccolta SMS, radio mobile, TV mobile, BSNL tunes e back up dei dati mobili. Potete usare la vostra rubrica, la musica, la galleria di immagini ecc. usando i nostri servizi di back up dei dati mobili e lasciare a BSNL le preoccupazioni per la perdita di dati in caso di cambio di cellulare, perdita del set mobile o corruzione della banca dati. Nell'ambito della banda larga, BSNL ha introdotto giochi multimediali online.

Il servizio CUG (Close User Group) o VPN (Virtual Private Network) è disponibile su rete fissa o mobile e consente di creare un piccolo gruppo e di effettuare chiamate illimitate tra i membri di questo gruppo in modo assolutamente gratuito pagando un canone mensile nominale.

Le carte 'Call Now' introdotte di recente offrono la possibilità di effettuare chiamate locali, STD e ISD a tariffe incredibilmente convenienti.Tradizionalmente, accettiamo le vostre bollette telefoniche presso gli sportelli BSNL, gli uffici postali e le banche.Di recente abbiamo introdotto un link per l'accettazione delle bollette telefoniche basato sul Web che è disponibile su questo sito web.

Servizi di BSNL:

BSNL fornisce quasi tutti i servizi di telecomunicazione in India. Di seguito sono elencati i principali servizi di telecomunicazione forniti da BSNL:

- **Servizi universali di telecomunicazione**: Servizi di rete fissa e Wireless in Local loop (WLL) con tecnologia CDMA, rispettivamente denominati **bfone** e *Tarang*. Al 31 dicembre 2007, BSNL deteneva l'81% della quota di mercato delle linee fisse.

- **Servizi di telefonia mobile cellulare**: BSNL è il principale fornitore di servizi di telefonia mobile cellulare che utilizza la piattaforma GSM con il marchio BSNL Mobile Al 30 settembre 2009 BSNL detiene una quota del 12,45% della telefonia mobile nel paese.

- **Internet**: BSNL fornisce servizi Internet tramite connessione dial-up (Sancharnet) come prepagata, (NetOne) come postpagata e banda larga ADSL (BSNL Broadband). BSNL detiene circa il 50% della quota di mercato della banda larga in India. Per l'anno finanziario in corso BSNL ha pianificato un lancio aggressivo della banda larga.

- **Rete intelligente (IN)**: BSNL fornisce servizi IN come televoto, chiamate gratuite, chiamate premium ecc.

- **3G**: BSNL offre i servizi "3G" o "di terza generazione" che includono servizi come le videochiamate, ecc.

- **IPTV**: BSNL offre anche il servizio di "Internet Protocol Television" che permette di guardare la televisione attraverso Internet.

- **FTTH**: impianto Fibre To The Home che offre una maggiore larghezza di banda per i dati. Questa idea è stata proposta dopo il dicembre 2009.

Il posizionamento di BSNL nel settore delle telecomunicazioni

Per capire e suggerire come la gestione strategica possa aiutare BSNL, occorre innanzitutto comprendere l'ambiente del settore delle telecomunicazioni e le parti interessate. Oltre a dover affrontare il cambiamento di struttura e di cultura (dal governo all'azienda), BSNL ha dovuto attrezzarsi per far fronte alla concorrenza in vari segmenti: servizi di base, lunga distanza (LD) e lunga distanza internazionale (ILD), fornitura di servizi Internet (ISP) e servizi mobili. Con l'avvento della concorrenza, gli operatori privati hanno influenzato la matrice strategica influenzando gli organismi di regolamentazione, adottando strategie mediatiche intelligenti e rivolgendosi ai clienti più deboli. Sebbene il controllo politico sul settore pubblico rimanga una questione strategica controversa nel Paese, con la costituzione di una società, la strategia interna del consiglio di amministrazione di BSNL sarà quella di ottenere una notevole autonomia. I sindacati del lavoro sono potenti stakeholder interni, così come i quadri intermedi e il personale che ha la responsabilità primaria dell'assistenza ai clienti. Il seguente diagramma degli stakeholder fornisce una visione del cambiamento dell'ambiente del settore delle telecomunicazioni per BSNL.

BSNL - I problemi principali

1. La sfida più grande per BSNL è acquisire nuovi abbonati e mantenere quelli esistenti. La vendita basata sul prezzo non sembra andare molto lontano, poiché ha più o meno raggiunto il suo apice. Pertanto, BSNL dovrà ora cercare nuove carote da far penzolare. Le ragioni dell'elevato churning degli abbonati non sono difficili da identificare e sono le seguenti.

- Tempo di attivazione ritardato

- Cambio frequente dei piani tariffari

- Dissipazione di informazioni agli abbonati sui nuovi piani tariffari e sulle modalità di adesione a tali piani.

- Nessuna personalizzazione dei servizi

- L'assistenza clienti, soprattutto in caso di problemi, è scarsa.

- Qualità della rete, che non sembra migliorare nonostante la concorrenza.

2. BSNL ha un grosso freno alla generazione di risorse per gli investimenti futuri, ovvero la responsabilità di fornire servizi telefonici nelle aree rurali. Anche se ora è stata compensata per questo obbligo attraverso l'USO, i fondi forniti non sono né adeguati né ricevuti in tempo.

BSNL deve affrontare la sfida di liberarsi dei retaggi della cultura monopolistica. La preoccupazione è quella di mettere in piedi un sistema che consenta di adattarsi alla concorrenza spietata. Sviluppare una struttura organizzativa adeguata e apportare un cambiamento nella cultura del lavoro per sostenere la strategia aziendale.

3. Reagire rapidamente ai cambiamenti tecnologici nel settore delle comunicazioni e introdurre tecnologie all'avanguardia per tutti i tipi di servizi esistenti e futuri. Questo include

- Difficoltà nell'integrare le nuove tecnologie con le apparecchiature multi-tecnologiche esistenti.

- Distribuzione delle apparecchiature, destinate a scopi specifici, in luoghi sbagliati a causa della pressione competitiva, con conseguente servizio scadente per i clienti.

- Ritardo nella fornitura di servizi a valore aggiunto rispetto ai concorrenti

- Grandi capacità di riserva non utilizzate nel segmento delle linee terrestri in alcune località

- Bassa penetrazione dell'IT nell'organizzazione

4. Enfatizzare l'orientamento al cliente in tutte le operazioni per evitare il "cherry picking" dei clienti più esigenti da parte dei fornitori di servizi concorrenti. La causa principale del problema è l'assistenza ai clienti e comprende

- Politiche non flessibili e ritardi procedurali

Eredità di un'immagine di servizio scadente

Numero limitato di servizi a valore aggiunto

Scarsa formazione dei clienti

Raccomandazioni (alternative e compromessi)

L'analisi del corretto mix di strategie per un'azienda richiede la comprensione dei fattori chiave di successo del settore.

I **fattori chiave di successo per l'industria delle telecomunicazioni sono...**

1. Numero di clienti

2. Intensità di utilizzo (in termini di numero di *minuti di utilizzo* per abbonato)

3. La fidelizzazione dei clienti avviene attraverso una combinazione di programmi di fidelizzazione, tariffe migliori, standard di servizio (servizio senza guasti, affidabilità, completamento della chiamata, trattenimento della chiamata, altri servizi aggiuntivi come l'avviso di chiamata, l'allarme, ecc.)

4. Garanzia dei ricavi grazie all'utilizzo ottimale della rete.

5. Percentuale dei ricavi attribuibili ai Servizi a Valore Aggiunto.

La crescita efficace di un'impresa pubblica dipende da un adeguato equilibrio tra gli aspetti valoriali ed economici della strategia. Gli aspetti di valore comprendono gli obblighi socio-politici di un'entità del settore pubblico, mentre gli aspetti economici sono considerazioni relative a prodotti, mercati, costi, ricavi e capacità tecnologiche e organizzative. La BSNL è ancora in fase formativa e sta cercando di passare alla fase successiva, ovvero di trovare un equilibrio adeguato tra gli aspetti valoriali ed economici.

Mentre si nota che l'azienda è ben posizionata in termini di asset tangibili, la cultura, la comunicazione e la motivazione sono alcune delle aree deboli. Le aree deboli che destano preoccupazione riguardano soprattutto le capacità intangibili. Le più importanti sono: - la cultura, la comunicazione e la motivazione.

- **Competenze e conoscenze** - Competenze nella fornitura di linee fisse tradizionali, nella manutenzione e nell'amministrazione. Competenze professionali e nuove competenze mancanti

- **Comunicazione e interazione** - È più in modalità governativa. Mancano atteggiamenti e competenze in materia di marketing e pubbliche relazioni.

- **Motivazione** - Attualmente molto bassa.

Per comprendere e fare scelte strategiche per BSNL, è stata fatta una rapida analisi del portafoglio prodotti/segmenti - la loro crescita, la quota di mercato e la loro focalizzazione - utilizzando vari modelli. Le raccomandazioni basate su questi quadri strategici sono le seguenti.

1. BSNL dovrebbe avere una chiara strategia tecnologica in linea con la sua missione di fornire

servizi con tecnologie all'avanguardia di livello mondiale a prezzi accessibili. Poiché l'industria delle telecomunicazioni è soggetta a frequenti rivoluzioni tecnologiche, i cicli dei prodotti sono molto brevi. BSNL dovrebbe puntare su prodotti innovativi basati su tecnologie convergenti per acquisire una posizione di mercato dominante. Questo obiettivo può essere raggiunto con

- Sostituzione immediata di tutte le tecnologie obsolete,

- La riqualificazione delle capacità non utilizzate dovrebbe essere presa in considerazione per prima.

- Introduzione precoce di tecnologie Wi fi/Wi max economicamente vantaggiose

- Migrazione alla NGN (Soft Switch) su larga scala, che non consentirà la perfetta integrazione delle tecnologie future.

- Aumentare gli investimenti di capitale nelle tecnologie convergenti, anche se ciò rende superflue alcune tecnologie in uso.

Nonostante le implicazioni in termini di costi, le alternative di scalare/aggiornare la tecnologia esistente non dovrebbero essere prese in considerazione, poiché non produrrebbero i risultati desiderati. L'obiettivo dovrebbe invece essere quello di raggiungere una posizione di mercato dominante attraverso l'impiego su larga scala di nuove tecnologie.

2. BSNL dovrebbe avviare una strategia di orientamento al cliente per conservare i clienti esistenti e attrarre nuovi clienti.

- Creare una cultura orientata al servizio all'interno dell'organizzazione collegando gli incentivi alla soddisfazione del cliente.

- Introdurre termini di registrazione flessibili per attirare nuovi clienti.

- Promuovere/introdurre sistemi di servizio di facile utilizzo come il sistema di compensazione elettronico, Internet o E-seva per il pagamento delle bollette.

- Informare il cliente sui servizi in dettaglio e sulla rispettiva struttura tariffaria.

- Introduzione del servizio a domicilio.

3. **Un uso estensivo delle tecnologie informatiche** non solo può migliorare le operazioni, ma

può anche aumentare la soddisfazione dei clienti. Nonostante sia un'organizzazione ad alta intensità tecnologica, la penetrazione dell'IT in BSNL non è commisurata. Attualmente, l'uso delle tecnologie informatiche in BSNL si limita a -

- DQ (Directory Enquiry), IVRS (Interactive Voice Response System)

- Sistemi di contabilità e fatturazione

- Pacchetto commerciale e sistema di riparazione dei guasti

- Elenco telefonico su CD ROM e su Internet.

Invece di integrare il software specifico del segmento esistente, si raccomanda di prendere in considerazione pacchetti integrati standard.

4. BSNL dovrebbe ridefinire i processi di approvvigionamento per **abbreviare il ciclo decisionale di acquisto**, che è fondamentale per la realizzazione di un progetto per qualsiasi fornitore di servizi di telecomunicazione. BSNL dovrebbe stipulare contratti di fornitura a lungo termine con operatori di livello mondiale per uscire dal *mantra* L-1 delle gare d'appalto. Questo aiuterà BSNL a contrastare la strategia dei suoi concorrenti di bloccare gli acquisti di articoli critici.

5. Un'alleanza strategica per ottenere un'impronta pan-indiana grazie alla **fusione BSNL-MTNL**. L'unione delle operazioni garantirà anche diversi altri vantaggi sostenibili, come tasche più profonde e più forti e un maggiore potere di marketing. Queste sinergie aiuterebbero ovviamente BSNL, grazie ai suoi volumi, a impegnarsi in prolungate guerre tariffarie per tutta una serie di servizi a valore aggiunto e a dare filo da torcere alle compagnie di telecomunicazioni private. La fusione di BSNL con MTNL può anche dare un po' di respiro a BSNL, ampliando il suo patrimonio di risorse con cui può adempiere alla sua responsabilità di fornire connettività rurale in tutto il Paese.

6. BSNL dovrebbe stringere alleanze strategiche con fornitori di contenuti, operatori internazionali di lunga distanza e operatori via cavo come **strategia di diversificazione**. I progetti "chiavi in mano" per la fornitura di soluzioni complete alle aziende/governi dovrebbero essere intrapresi come una proposta commerciale attraverso la stipula di partnership.

7. Il marketing sarà la chiave del successo: BSNL dovrebbe proporre una pletora di programmi per gli abbonati finali, sia commerciali che residenziali. Se BSNL vuole mantenere il suo titolo di KING BSNL, deve trattare i suoi clienti come un re. La strategia di marketing di BSNL deve riconoscere il fatto che le telecomunicazioni non sono più un mercato di servizi, ma si sono trasformate in un mercato di beni. In realtà, si tratta di un misto di entrambi, poiché inizialmente si comporta come un mercato di beni quando si deve vendere la connessione. La strategia di marketing di BSNL deve essere ridefinita e deve concentrarsi sui servizi a valore aggiunto, sulla creazione di una solida catena di distribuzione e sul trattamento differenziato dei clienti premium/corporate.

8. Gestione delle risorse umane -

Le risorse umane sono il bene più prezioso di ogni organizzazione e per organizzazioni come BSNL, che operano nel settore dei servizi, questo aspetto diventa ancora più importante. Bharat Sanchar Nigam Limited dispone di una vasta forza lavoro di circa 3.50.000 persone. Per affrontare le sfide tecnologiche, i dipendenti devono essere formati in modo mirato per l'aggiornamento tecnologico, la modernizzazione, l'informatizzazione, ecc. Sebbene nei vari centri di formazione del BSNL siano in corso diversi programmi di formazione per impartire una formazione basata sulla tecnologia, essi sembrano essere obsoleti in un ambiente competitivo in rapida evoluzione e con la formazione di aziende. La dinamica della transizione da un'organizzazione governativa letargica a un'azienda professionale richiede un enorme miglioramento delle risorse umane.

BSNL deve rivedere la propria strategia di gestione delle risorse umane e deve concentrarsi sui seguenti aspetti

-

- Legami con le migliori scuole di business in India per la formazione dei loro manager a vari livelli.

- Ridistribuire la propria forza lavoro dalle città più grandi a quelle più piccole.

- In arrivo VRS/CRS per la manodopera di età superiore ai 50 anni.

- Creare valore attraverso la motivazione dei dipendenti e sviluppare un sistema di premi e punizioni.

- Gestione efficace della conoscenza all'interno dell'organizzazione

- Impedire la rotazione della manodopera.

- La struttura organizzativa di BSNL rimane ancora più o meno funzionale. La ristrutturazione dell'organizzazione in base a un modello di tipo aziendale, in cui ogni prodotto/segmento è considerato come un'attività separata, contribuirà a

- .migliore gestione

- Miglioramento dell'efficienza dei segmenti

- Miglioramento della comunicazione organizzativa

- Migliore monitoraggio delle prestazioni

- Sviluppare l'attenzione alle entrate

In alternativa, si può sostenere che l'organizzazione può essere suddivisa verticalmente in base al portafoglio, ma questo influisce sulla sinergia all'interno dell'organizzazione. Pertanto, l'attenzione dovrebbe essere rivolta alla ristrutturazione della gerarchia.

9. Strategie di massimizzazione dei ricavi:

Il settore delle telecomunicazioni è il più competitivo dopo la liberalizzazione. Ciò ha comportato il passaggio da un modello di business basato sulla crescita, che enfatizzava la crescita dei numeri o addirittura dell'ARPU, a un modello basato sul profitto, in cui il successo è misurato dai margini. Nell'ambito della transizione, BSNL deve adottare misure di riduzione dei costi e di aumento dei ricavi, che avranno un impatto diretto sulla redditività di BSNL.

Le principali preoccupazioni di BSNL per un'efficace realizzazione dei ricavi sono.

- Il ritardo nella fatturazione al cliente dopo l'attivazione

- Ritardo tra le chiamate generate e fatturate

- Ambito di applicazione della frode

- Mancata disponibilità di un database uniforme.

Pertanto, l'attenzione dovrebbe concentrarsi sull'**implementazione immediata della fatturazione basata sul CDR**. Ciò richiederebbe ingenti investimenti, ma il ritorno sarebbe più che commisurato. Il software dovrebbe essere scalabile e in grado di incorporare tutti i servizi a valore aggiunto di nuova generazione. L'implementazione di un sistema basato sul CDR genererà anche i seguenti vantaggi:

- **Eliminazione delle perdite di reddito.**

- **Formulazione di strategie di marketing appropriate** - I dati acquisiti nei server e negli altri dispositivi forniranno informazioni dettagliate sui modelli di utilizzo, contribuendo così alla formulazione di strategie di marketing appropriate. Le informazioni e la flessibilità del software consentiranno a BSNL di soddisfare gli abbonati in base al segmento. BSNL può offrire pacchetti specifici ai clienti aziendali in base alle loro esigenze. Le informazioni sull'uso e sul traffico offriranno anche una soluzione per sviluppare schemi di tariffazione per i servizi, che potranno poi essere raggruppati in modo da guidare il comportamento dei clienti nel modo desiderato in termini di tempo di utilizzo, distanze, ecc.

Contribuire a un'assistenza efficiente ai clienti - Le informazioni disponibili consentiranno la creazione di "Call Center". Un "Call Center" è un prerequisito per fornire informazioni efficienti e promuovere i servizi.

10 **Strategia dei prezzi** - La fissazione delle tariffe è fondamentale in uno scenario competitivo in cui è necessario offrire servizi convergenti "basati sul valore" e "top down", invece di una tariffazione "bottom up" basata sui costi. L'attenzione si è concentrata sull'acquisizione di clienti redditizi, ma per BSNL è altrettanto importante rivolgersi ai vecchi clienti (per numero di anni di associazione) per garantire la fidelizzazione. Il feedback dei clienti dovrebbe essere incorporato per valutare l'attrattiva e la fattibilità economica di tali programmi.

11 . **Strategie di gestione dei costi:** A causa della lenta crescita dei ricavi e del declino della quota di mercato, è necessario concentrarsi sulle misure di controllo dei costi, come ad esempio

- Un **software finanziario** integrato è essenziale per consentire alla direzione di monitorare i costi.

- La passività di BSNL in termini di spese operative obbligatorie è molto elevata rispetto agli standard del settore, soprattutto a causa dell'eccesso di personale. Anche se un'alta percentuale di dipendenti andrà in pensione entro tre anni,

Unità amministrative

La BSNL è suddivisa in una serie di unità amministrative, denominate circoli di telecomunicazione, distretti metropolitani, circoli di progetto e unità specializzate, come indicato di seguito:

Regioni di manutenzione Circolo di telecomunicazioni dello Jharkhand Regione orientale di manutenzione delle telecomunicazioni Circolo di telecomunicazioni del Karnataka Circoli di telecomunicazioni Distretti metropolitani Chennai +91 9445233233 Circolo di telecomunicazioni di Andaman e Nicobar Calcutta Circolo di telecomunicazioni dell'Andhra Pradesh Circolo di telecomunicazioni di Chennai Circolo di telecomunicazioni dell'Assam

Circoli di progetto Circolo di telecomunicazione del Bihar Circolo di progetto di telecomunicazione orientale Circolo di telecomunicazione del Chhattisgarh Circolo di progetto di telecomunicazione occidentale Circolo di telecomunicazione del Gujarat Circolo di progetto di telecomunicazione settentrionale Circolo di telecomunicazione dell'Haryana Circolo di progetto di telecomunicazione meridionale Circolo di telecomunicazione dell'Himachal Pradesh Circolo di progetto IT, Pune Circolo di telecomunicazione del Jammu e Kashmir

Regioni di manutenzione Jharkhand Telecom Circle Regione di manutenzione delle telecomunicazioni orientali Karnataka Telecom Circle Regione di manutenzione delle telecomunicazioni occidentali Kerala Telecom Circle Regione di manutenzione delle telecomunicazioni settentrionali Madhya Pradesh Telecom Circle Regione di manutenzione delle telecomunicazioni meridionali Maharashtra Telecom Circle Unità di telecomunicazione specializzate North East-I Telecom Circle Reti di dati North East-II Telecom Circle Centro nazionale per la commutazione elettronica Orissa Telecom Circle Technical & Development Circle Punjab Telecom Circle Quality Assurance Rajashtan Telecom Factory Mumbai Telecom Factory, Jabalpur Telecom Factory, Richhai Telecom Factory Kolkata Circolo di sviluppo Punjab Circolo di telecomunicazioni Garanzia di qualità Rajasthan Circolo di telecomunicazioni Unità di produzione Fabbrica di telecomunicazioni, Mumbai Fabbrica di telecomunicazioni, Jabalpur Fabbrica di telecomunicazioni, Richhai Fabbrica di telecomunicazioni, Kolkata

Altre unità Istituzioni di formazione Telecom Stores Advanced Level Telecom Training Centre North East Task Force Bharat Ratna Bhim Rao Ambedkar Institute Of Telecom Training Telecom Electrical Wing National Academy of Telecom Finance and Management Telecom Civil Wing Regional Telecom Training Centres Circle Telecom Training Centres District Telecom Training Centres

Presente e futuro

La BSNL (allora nota come Dipartimento delle Telecomunicazioni) è stata un quasi monopolio durante il periodo socialista dell'economia indiana. Durante questo periodo, BSNL era l'unico fornitore di servizi di telecomunicazione del Paese (MTNL era presente solo a Mumbai e New Delhi). Durante questo periodo BSNL operava come una tipica organizzazione statale, inefficiente, lenta, burocratica e fortemente uinionalizzata. Di conseguenza, gli abbonati dovevano aspettare anche cinque anni per ottenere una connessione telefonica. La società ha assaggiato la concorrenza per la prima volta dopo la liberalizzazione dell'economia indiana nel 1991. Di fronte alla forte concorrenza dei fornitori privati di servizi di telecomunicazione, BSNL ha successivamente cercato di aumentare la propria efficienza. I veterani del DoT, tuttavia, hanno attribuito la responsabilità di questo triste stato di cose alle politiche governative, in cui si chiedeva a tutti i fornitori di servizi di proprietà dello Stato di fungere da mezzo per raggiungere una crescita egualitaria in tutti i segmenti della società. La società (allora DoT), tuttavia, fallì miseramente nel raggiungere questo obiettivo e l'India languì tra i Paesi più scarsamente collegati al mondo. La BSNL è nata nel 2000 dopo l'aziendalizzazione del DoT. Da allora l'efficienza dell'azienda è migliorata. Tuttavia, il livello delle prestazioni non è neanche lontanamente paragonabile a quello degli operatori privati. L'azienda rimane fortemente sindacalizzata ed è relativamente lenta nel prendere decisioni e nell'attuarle. Sebbene offra servizi alle tariffe più basse, gli operatori privati continuano a registrare numeri migliori in tutti i settori, anno dopo anno. BSNL fornisce connessioni sia nelle aree urbane che in quelle rurali. Le connessioni mobili pre-attivate sono disponibili in molte località dell'India. BSNL ha inoltre presentato piani di accesso a Internet a banda larga a prezzi vantaggiosi (DataOne) destinati alle abitazioni e alle piccole imprese. Attualmente BSNL detiene circa il 60% della quota di mercato dei servizi ISP.

Anno della banda larga 2007

Il 2007 è stato dichiarato "Anno della banda larga" in India e BSNL sta per fornire 5 milioni di connessioni a banda larga entro la fine del 2007. BSNL ha aggiornato le connessioni Dataone (banda larga) esistenti per una velocità fino a 2 Mbit/s senza alcun costo aggiuntivo. Questo servizio a banda larga da 2 Mbit/s viene fornito da BSNL a un costo di soli 11,7 dollari al mese (al 21/07/2008 e con un limite di 2,5 GB mensili con 02000800 ore di tempo senza costi). Inoltre, BSNL sta lanciando nuovi servizi a banda larga come il triple play.

BSNL sta pianificando di aumentare la sua base di clienti a 108 milioni entro il 2010. Con la frenetica attività nel settore delle comunicazioni in India, l'obiettivo sembra raggiungibile. BSNL è un pioniere della telefonia rurale in India. Di recente BSNL si è aggiudicata l'80% del progetto di telefonia rurale del governo indiano, per un valore di 580 milioni di dollari (2.500 crore INR).

Il 20 marzo 2009, BSNL ha annunciato il lancio dei servizi BlackBerry in tutti i suoi circoli di telecomunicazioni in India. L'azienda ha anche lanciato i servizi 3G in alcune città del Paese. Attualmente, BSNL e MTNL sono gli unici operatori a fornire servizi 3G, poiché il governo sta ancora mettendo all'asta lo spettro 3G per gli operatori privati.

BSNL ha anche lanciato un portale di intrattenimento chiamato BSNL Hungama Portal da cui gli abbonati possono scaricare gratuitamente contenuti come musica, video musicali e anche scaricare o giocare a vari giochi online. Al momento sono disponibili solo Tamil, Kannada, Telugu e Hindi. Si spera che il database possa essere ampliato. BSNL addebita un canone mensile fisso per questa funzione.

Sfide

Durante l'anno finanziario 2006-2007 (dal 1° aprile 2006 al 31 marzo 2007) BSNL ha aggiunto 9,6 milioni di nuovi clienti nei vari servizi telefonici, portando la sua base di clienti a 64,8 milioni. Il concorrente più vicino a BSNL, Bharti Airtel, ha una base di 39 milioni di clienti. Tuttavia, nonostante l'impressionante crescita mostrata da BSNL negli ultimi tempi, la base di clienti di telefonia fissa di BSNL è in calo. Per riconquistare i suoi clienti di rete fissa, BSNL ha abbassato le tariffe delle chiamate interurbane nell'ambito del piano One India, ma il successo del programma non è noto. Tuttavia, BSNL si trova di fronte a un'annata 2006-2007 difficile per la fuga degli utenti, che è stata la principale fonte di reddito di BSNL.

Attualmente il settore indiano delle telecomunicazioni è caratterizzato da un'intensa concorrenza e diverse società di telecomunicazioni stanno lanciando programmi interessanti e forniscono buoni servizi ai clienti.

L'Access Deficit Charges (ADC, un'imposta che gli operatori privati pagano a BSNL per fornire servizi in aree non redditizie, in particolare quelle rurali) è stato ridotto del 37% da TRAI, a partire dal 1° aprile 2007 La riduzione dell'ADC potrebbe colpire i profitti di BSNL.

BSNL ha lanciato i servizi 3G in 11 città del Paese il 2 marzo 2009. MTNL, che opera a Mumbai e Delhi, ha lanciato per prima i servizi 3G in queste città.

Quadro teorico dello studio
Significato di qualità della vita lavorativa:

Questo articolo esamina la letteratura sulla qualità della vita lavorativa (QWL) in termini di significato e di costrutti, in particolare dal punto di vista dei professionisti delle tecnologie dell'informazione (IT). In primo luogo, vengono passate in rassegna le definizioni di QWL al fine di giungere a un significato conclusivo di QWL. In secondo luogo, descriviamo chi sono i professionisti dell'IT e perché la QWL è significativa per loro. In terzo luogo, discutiamo i costrutti teorici della QWL e le ricerche che hanno utilizzato questi costrutti per evidenziarne l'importanza per la professione IT e la performance organizzativa. Infine, concludiamo formulando un paradigma concettuale di QWL che possa ispirare la ricerca futura nel campo della QWL.

Definizione di QWL:

-Con il drastico cambiamento della cultura del lavoro negli ultimi anni, anche il concetto tradizionale di lavoro per soddisfare i bisogni primari degli esseri umani sta venendo meno. I bisogni fondamentali continuano a diversificarsi e a cambiare in base all'evoluzione del sistema lavorativo e degli standard di vita della forza lavoro".

Pertanto, la definizione di Suttle (1977) sulla QWL come grado di soddisfazione di importanti bisogni personali di base da parte dei lavoratori attraverso la loro esperienza nell'organizzazione non è più pertinente. In generale, nell'ambiente di lavoro contemporaneo i posti di lavoro offrono sufficienti ricompense, benefici, riconoscimenti e controllo sulle azioni dei dipendenti. Sebbene in una certa misura la forza lavoro contemporanea sia compensata in modo adeguato, le loro pratiche di spesa personale, i loro stili di vita, le loro attività ricreative, i loro sistemi di valori individuali, la loro salute e così via possono influenzare i loro livelli di bisogno.

È simile all'argomentazione contenuta nella gerarchia dei bisogni di Maslow, secondo la quale ogni individuo ha un livello diverso di bisogni, perché in realtà ciò che è importante per alcuni dipendenti può non esserlo per altri, anche se vengono trattati allo stesso modo nella stessa organizzazione. Questa definizione, che si concentra sui bisogni personali, ha trascurato il fatto che il costrutto di QWL è soggettivo e si evolve continuamente a causa dei bisogni sempre crescenti di ogni singolo dipendente.

Si ritiene che un ambiente di lavoro in grado di soddisfare le esigenze personali dei dipendenti fornisca un effetto di interazione positivo, che porterà a un'eccellente QWL. I dipendenti hanno sottolineato che i bisogni personali sono soddisfatti quando le ricompense dell'organizzazione, come la retribuzione, la promozione, il riconoscimento e lo sviluppo, soddisfano le loro aspettative. Parallelamente a questa definizione, Lawler (1982) definisce la QWL in termini di caratteristiche e condizioni di lavoro. Egli sottolinea che la dimensione centrale dell'intera QWL nell'organizzazione è quella di migliorare le condizioni di lavoro dei dipendenti.

Benessere e produttività: L'interazione più comune che riguarda il miglioramento del benessere e della produttività dei dipendenti è la progettazione del lavoro. Un progetto di lavoro in grado di fornire una maggiore soddisfazione ai dipendenti dovrebbe essere più produttivo. Tuttavia, ha accettato il fatto che la QWL è complessa, perché comprende il benessere fisico e mentale dei dipendenti.

La definizione successiva di Beukema (1987) descrive:

-La QWL è il grado in cui i dipendenti sono in grado di modellare il proprio lavoro in modo attivo, in base alle loro opzioni, interessi e necessità. È il grado di potere che un'organizzazione dà ai propri dipendenti di progettare il proprio lavoro. Ciò significa che il singolo dipendente ha la piena libertà di progettare le proprie funzioni lavorative per soddisfare i propri bisogni e interessi personali".

Questa definizione enfatizza la scelta di interesse dell'individuo nello svolgimento del compito.

Tuttavia, questa definizione differisce dalla prima, che pone l'accento sull'organizzazione che progetta il lavoro per soddisfare gli interessi dei dipendenti.

È difficile per l'organizzazione soddisfare i bisogni e i valori personali di ciascun dipendente. Tuttavia, se l'organizzazione fornisce l'autorità appropriata per progettare le attività lavorative ai singoli dipendenti, è altamente possibile che le attività lavorative corrispondano alle esigenze dei dipendenti e contribuiscano alla performance organizzativa.

Nello stesso senso Heskett, Sasser e Schlesinger (1997) definiscono:

La QWL è il sentimento che i dipendenti provano nei confronti del proprio lavoro, dei colleghi e dell'organizzazione, e che dà vita a una catena che porta alla crescita e alla redditività dell'organizzazione. Un buon sentimento verso il proprio lavoro significa che i dipendenti si sentono felici di lavorare, il che porterà a un ambiente di lavoro produttivo.

Questa definizione fornisce un'idea del fatto che un ambiente di lavoro soddisfacente è considerato in grado di fornire una migliore QWL. In base alle definizioni precedenti, Lau, Wong, Chan e Law (2001) hanno definito la QWL come un ambiente di lavoro favorevole che sostiene e promuove la soddisfazione fornendo ai dipendenti ricompense, sicurezza del lavoro e opportunità di crescita professionale. Indirettamente, la definizione indica che un individuo che non è soddisfatto delle ricompense può essere soddisfatto della sicurezza del lavoro e, in qualche misura, godrebbe delle opportunità di carriera offerte dall'organizzazione per la propria crescita personale e professionale.

La recente definizione di Serey (2006) sulla QWL:

" è abbastanza conclusiva e risponde al meglio all'ambiente di lavoro contemporaneo. La definizione si riferisce a un lavoro significativo e soddisfacente. Include

(i) un'opportunità di esercitare i propri talenti e le proprie capacità, di affrontare sfide e situazioni che richiedono un'iniziativa e un orientamento autonomi;

(ii) un'attività ritenuta utile dalle persone coinvolte;

(iii) un'attività in cui si comprende il ruolo che l'individuo svolge nel raggiungimento di alcuni obiettivi generali; e

(iv) un senso di orgoglio per ciò che si fa e per ciò che si fa bene. Questo aspetto del lavoro significativo e soddisfacente viene spesso unito alle discussioni sulla soddisfazione lavorativa e si ritiene che sia più favorevole alla QWL.Questa rassegna delle definizioni di QWL indica che la QWL è un costrutto multidimensionale,

È costituito da una serie di fattori interrelati che richiedono un'attenta considerazione per essere concettualizzati e misurati.

1. È associata alla soddisfazione lavorativa, al coinvolgimento nel lavoro, alla motivazione, alla produttività, alla salute, alla sicurezza e al benessere, alla sicurezza del lavoro, allo sviluppo delle competenze e all'equilibrio tra vita lavorativa ed extra-lavorativa, come concettualizzato dalla Fondazione europea per il miglioramento delle condizioni di vita (2002).

2. In sintesi, la QWL è considerata un concetto di ampio respiro, che comprende una retribuzione

adeguata ed equa, condizioni di lavoro sicure e salutari e un'integrazione sociale nell'organizzazione del lavoro che consente a un individuo di sviluppare e utilizzare tutte le sue capacità.

3. La maggior parte delle definizioni mira a realizzare un ambiente di lavoro efficace che soddisfi i bisogni e i valori organizzativi e personali che promuovono la salute, il benessere, la sicurezza del lavoro, la soddisfazione professionale, lo sviluppo delle competenze e l'equilibrio tra vita lavorativa e non. Le definizioni sottolineano anche le buone sensazioni percepite dall'interazione tra gli individui e l'ambiente di lavoro.

4. Comprendendo la natura del lavoro nell'ambiente contemporaneo, definiamo la QWL come l'efficacia dell'ambiente di lavoro che trasmette ai bisogni organizzativi e personali significativi nella formazione dei valori dei dipendenti che sostengono e promuovono una migliore salute e benessere, la sicurezza del lavoro, la soddisfazione del lavoro, lo sviluppo delle competenze e l'equilibrio tra lavoro e vita non lavorativa.

5. Questa definizione quantifica la QWL tra i professionisti dell'IT con l'obiettivo di ottenere una leva per reclutare, motivare e trattenere la preziosa forza lavoro dell'IT mentre la natura del lavoro continua a diversificarsi.

2. Chi sono i professionisti IT?

Una delle forze lavoro in più rapida crescita nell'attuale ambiente di lavoro è il gruppo dei professionisti delle tecnologie dell'informazione (IT). Il numero di personal computer (PC) in tutto il mondo si avvicina a 1 miliardo, ma il numero di professionisti IT che entrano nel settore sta diminuendo rapidamente. Il Bureau of Labor Statistics (BLS) ha stimato che nel periodo 2004-2016 saranno creati 1,64 milioni di nuovi posti di lavoro nel settore IT (BLS 2007). Secondo l'ufficio, un posto di lavoro su quattro sarà legato all'IT. I professionisti dell'IT sono coinvolti nell'acquisizione, nell'elaborazione e nell'archiviazione di informazioni vocali, pittoriche, testuali e numeriche che richiedono un ampio uso di competenze informatiche. La natura del lavoro consente ai professionisti IT di lavorare in modo indipendente con team multinazionali 24 ore su 24, indipendentemente dalla loro ubicazione nel mondo (Evans e Wurster, 2000).

Questa modalità di lavoro flessibile crea nuove tendenze occupazionali che rendono possibile la condivisione del lavoro in base al fuso orario. D'altro canto, consente alle organizzazioni di capitalizzare le competenze e l'esperienza di una forza lavoro altamente competente residente in tutto il mondo per lavorare a distanza con più superiori a costi inferiori (Industrial Relations Services, 2000; Merill, 2000). In questo modo l'organizzazione si trasforma in una struttura più piccola o snella. È stato riferito che le organizzazioni IT nelle aziende di medie e grandi dimensioni saranno più piccole di almeno il 30% rispetto a quelle del 2005 (Computer Computerworld, 2006). Un ambiente di lavoro di questo tipo espone i professionisti dell'IT a un'elevata complessità dei compiti, che può portare a una forte tensione, all'incertezza, alla mancanza di adeguate opportunità di sviluppo personale e a un maggiore squilibrio tra lavoro e attività extra-lavorative. Robbins (2001) ha sostenuto che tali scenari lavorativi porteranno i professionisti IT a sperimentare una scarsa QWL.

3. Costrutti della qualità della vita lavorativa:

I costrutti selezionati di QWL che utilizziamo in questo articolo sono derivati dalla European Foundation for the Improvement of Living and Working Condition (EWON) (2002) che ha utilizzato ampiamente le dimensioni nei suoi studi di QWL. Si ritiene che questi fattori siano appropriati e affidabili nel contesto dell'Asia in generale e della Malesia in particolare, poiché alcuni di essi sono stati utilizzati separatamente da ricercatori in Giappone (Fujigaki, Asakura e Haratani, 1993), Singapore (Lau et al., 2001) e Malesia (Rethinam, Maimunah, Musa e Bahaman, 2004). Le dimensioni della QWL selezionate sono la salute e il benessere, la sicurezza del lavoro, la soddisfazione lavorativa, lo sviluppo delle competenze e l'equilibrio tra lavoro e vita extra-lavorativa. La sezione seguente analizza ciascuno dei costrutti della QWL dal punto di vista dei professionisti IT.

3.1. Salute e benessere:

1. La salute e il benessere della QWL si riferiscono agli aspetti fisici e psicologici di un individuo in qualsiasi ambiente di lavoro. Asakura e Fujigaki (1993) hanno esaminato gli effetti diretti e indiretti dell'informatizzazione sulla salute e sul benessere dei lavoratori. I loro risultati sono simili a quelli dello studio di Iacovides, Fountoulakis e Kaprins (2003), secondo cui una maggiore richiesta di lavoro porta a un ambiente di lavoro più stressante, che quindi influisce sulla salute e sul benessere dei lavoratori. Un ambiente di lavoro senza tensioni garantisce buone condizioni psicologiche e di salute che consentono ai dipendenti di svolgere senza inibizioni le funzioni

lavorative e non. Pertanto, porta a un ambiente di lavoro non stressante che offre una vita lavorativa confortevole.

2. Esistono molte definizioni di stress, in quanto è considerato un fenomeno soggettivo della QWL. Chan et al. (2000) definiscono lo stress come una risposta al rapporto percepito tra le richieste degli individui e la capacità di adattarsi al loro ambiente di lavoro.

3. Carayon, Smith e Haims (2001) hanno rivelato che lo stress nasce nel processo di interazione tra una persona e l'ambiente di lavoro che minaccia l'omeostasi fisica, psicologica e fisiologica dell'individuo. Le malattie fisiche e i disturbi psicologici aumentano quando aumenta la pressione sul lavoro.

4. Lo stress causa problemi al sistema muscolare e alla circolazione, aumentando il rischio di infarto del miocardio, come ben documentato dagli studi di psicosomatica. Hanno inoltre riferito che un dipendente esposto per oltre due anni a un ambiente di lavoro ad alta tensione è associato a un aumento della pressione arteriosa sistolica.

5. La natura delle professioni informatiche riflette una situazione simile, ovvero un ambiente di lavoro continuamente esigente e monotono che influisce sul cervello causando esaurimento e diminuzione delle capacità cognitive di alcuni professionisti IT. Anche la depressione e l'ansia sono un'altra forma di stress che contribuisce al deterioramento della salute.

6. I dipendenti sviluppano vari sintomi di stress che possono danneggiare le prestazioni lavorative, la salute e persino minacciare la capacità di affrontare l'ambiente. Negli ultimi decenni, le tecnologie informatiche si sono sviluppate in modo impressionante sul posto di lavoro. Oltre agli effetti positivi delle tecnologie informatiche, esistono anche potenziali effetti negativi che non devono essere trascurati. Korunka et al. (1997) hanno rilevato che i sostenitori delle tecnologie informatiche sperimentano soggettivamente stress e insoddisfazione sul lavoro. I lavori legati all'informatica sono stati associati a sforzi ripetitivi e a problemi legati all'eccessiva esposizione ai videoterminali (Ng e Munro-Kua, 1994; Duxbury, Higgins e Johnson, 1999). Il lavoro di routine, gli strumenti mal progettati come i computer e gli arredi nell'ambiente di lavoro ICT hanno aumentato in modo significativo i disturbi legati al lavoro (Blatter e Bongers, 2002), come i problemi muscoloscheletrici (Cardosa e Wan Fauziah, 1994). Le mansioni nell'ambiente di lavoro IT sono diventate un fattore critico perché comportano una nuova serie di fattori di stress che sono anche fisicamente impegnativi. Molti ricercatori evidenziano il concetto di tecno-stress quando discutono dello stress legato all'IT (Bradley, 2001). Il tecno-stress comprende la

pressione di padroneggiare la rivoluzione informatica, le frustrazioni quotidiane e le interruzioni improvvise dovute a bug del software o a crash del sistema, con conseguente intensificazione del lavoro e stress sul posto di lavoro. I sintomi del tecno-stress sono legati a condizioni fisiche e psicologiche come mal di schiena, temperamento incerto, ulcera, acne, insonnia, basso.

Morale e job-hopping;. D'altra parte, la resistenza ad apprendere e a tenersi al passo con l'informatica o il rifiuto della tecnologia a causa dell'ambivalenza individuale, della riluttanza o della paura dell'informatica sono anch'essi causa di stress, in particolare tra i professionisti IT esperti. Esistono numerose pubblicazioni che mettono in relazione l'informatizzazione e la salute e il benessere nell'industria del lavoro. Cardoso e Wan Fauziah (1994) hanno evidenziato la situazione allarmante della salute e della sicurezza degli utenti di computer in diversi uffici professionali della Malesia. Essi hanno suggerito una seria iniziativa politica nei confronti degli utenti di computer, sostenendo che la salute dei lavoratori non dovrebbe essere sacrificata in nome di una maggiore produttività ed efficienza dell'industria. Una recente ricerca condotta da Blatter e Bongers (2002) sulla durata dell'uso del computer e del mouse in relazione ai disturbi muscoloscheletrici del collo o dell'arto superiore, indica che la durata e la frequenza dell'uso del computer hanno aumentato sostanzialmente il rischio per la salute degli utenti. La maggior parte di questi studi ha evidenziato un aumento sostanziale dei problemi al collo, alle spalle e alle mani o ai polsi tra coloro che lavorano per più ore con pratiche ergonomiche inadeguate mentre lavorano al computer. Diversi studi trasversali e longitudinali di grandi dimensioni si sono concentrati su componenti del lavoro quali richieste, controllo, ricompense e supporto. I risultati indicano che la combinazione di esigenze elevate e scarso controllo sul lavoro ha un impatto sulla salute e sul benessere. L'Agenzia europea per la sicurezza e la salute sul lavoro (2000) ha esaminato il numero di dipendenti europei esposti a rischi o che hanno sperimentato malattie. Ha osservato che i principali indicatori dei rischi per la sicurezza e la salute sul lavoro (SSL) sono i ritmi di lavoro, determinati da un'elevata prevalenza di movimenti ripetitivi e di lavoro ad alta velocità.

3.2. Sicurezza del lavoro:

Il drastico cambiamento della forza lavoro nell'ambiente di lavoro contemporaneo ha rivelato una quantità significativa di cambiamenti organizzativi (Watson *et al.*, 2003). I cambiamenti organizzativi, come il ridimensionamento, il rightsizing e l'outsourcing, hanno influito negativamente sulla lealtà, sul morale, sulla motivazione e sulla percezione della sicurezza del lavoro dei dipendenti. L'Organizzazione per la Cooperazione e lo Sviluppo Economico (OCSE)

(1996) ha sottolineato che la sicurezza del lavoro è la questione più controversa nell'ambiente di lavoro contemporaneo. La sicurezza del posto di lavoro, aspetto centrale della QWL, rappresenta la forza delle organizzazioni di fornire un impiego permanente e stabile, indipendentemente dai cambiamenti dell'ambiente di lavoro. Pertanto, fornire un senso di sicurezza è importante soprattutto in un ambiente di lavoro in cui molti aspetti del lavoro possono essere esternalizzati.

L'aumento della disoccupazione nel settore e le tendenze all'esternalizzazione hanno reso evidente che la sicurezza del lavoro non può essere data per scontata (Probst, 2003). I lavori nelle industrie informatiche, come la programmazione di computer, lo sviluppo di software e l'analisi di sistema, sono altamente retribuiti, ma la possibilità di prolungare il contratto è incerta. Pertanto, si osserva che l'industria IT ha praticato un alto tasso di occupazione, ma una bassa sicurezza del lavoro, che ha portato a un ambiente di lavoro intrinsecamente insicuro e a una scarsa QWL.

Questa mossa ha spinto alcuni critici a ritenere che i datori di lavoro stiano adottando una politica attiva per creare una divisione tra il nucleo centrale di lavoratori altamente protetti, con prospettive di carriera a lungo termine, e una periferia di professionisti IT basati su progetti, dove il datore di lavoro può sfruttare talenti scarsi e di alto valore che tendono a essere terminati alla fine di ogni progetto. L'aumento delle modalità di lavoro a progetto è spesso considerato una scelta dei dipendenti, anche se il desiderio del datore di lavoro è quello di aumentare i lavoratori part-time o a contratto e la cultura del lavoro a lungo termine (Cooper, 1998). L'emergere del concetto di outsourcing e di automazione informatica ha inoltre alimentato in modo significativo il senso di insicurezza del lavoro tra i professionisti dell'IT. In conclusione, la natura instabile del lavoro e il modo in cui la cultura del lavoro si sta diversificando hanno un impatto considerevole sulla sicurezza del lavoro dei professionisti IT. La capacità delle organizzazioni di fornire una migliore QWL per trattenere i propri professionisti IT è stata un fattore critico nello sforzo di raggiungere gli obiettivi strategici aziendali. L'uscita di professionisti IT che sembrano conoscere un progetto nel dettaglio può contribuire alla perdita di opportunità di business. Non molto tempo fa, la rivista Fortune ha riportato che l'abbandono di un posto di lavoro nel settore tecnologico è diventato un evento annuale, dato che la durata media del lavoro nel settore IT si è ridotta a circa 13 mesi, rispetto ai circa 18 mesi del 1998 (Daniels e Vinzant, 2000). Cambiare datore di lavoro può essere una strategia di carriera efficace per alcuni professionisti IT. D'altra parte, la maggior parte delle organizzazioni si sforza di trattenere i professionisti IT di valore con vari mezzi. Questa è una delle realtà della QWL tra i professionisti IT, anche se l'organizzazione offre un ambiente di lavoro sicuro che dovrebbe garantire una migliore QWL.

3.3. Soddisfazione lavorativa:

Dal momento che i professionisti dell'IT diventano fondamentali per il salto di qualità di un Paese come la Malesia verso una nazione sviluppata, la trasformazione stabile della forza lavoro esistente in lavoratori della conoscenza sottolinea l'importanza di avere dipendenti soddisfatti. Traut, Larsen e Feimen (2000) hanno suggerito che una migliore comprensione della soddisfazione lavorativa garantirà uno sviluppo sostenibile della forza lavoro IT. Sebbene la soddisfazione lavorativa sia stata studiata fin dalla nascita del concetto di lavoro (Lamond e Spector, 2000), rimane uno degli argomenti più studiati nella gestione delle risorse umane, soprattutto in settori come l'IT, caratterizzati da un elevato turnover. In genere, la soddisfazione lavorativa è definita come il livello di effetto positivo di un dipendente nei confronti del lavoro o della situazione lavorativa che migliora la qualità della vita lavorativa. La definizione, tuttavia, si evolve con i cambiamenti che avvengono nell'ambiente di lavoro.

In seguito, a questa definizione sono state aggiunte le componenti cognitive e comportamentali. L'aspetto cognitivo rappresenta la convinzione del dipendente sul proprio lavoro o sulla situazione lavorativa. Ciò significa che un dipendente può credere che il suo lavoro sia interessante, stimolante o altro. La componente comportamentale rappresenta le tendenze comportamentali di un dipendente nei confronti del proprio lavoro. La presenza regolare al lavoro, l'impegno profuso e l'intenzione di rimanere nell'organizzazione per un lungo periodo di tempo sono comportamenti positivi che indicano la soddisfazione lavorativa. Al contrario, i risultati comportamentali negativi rivelano insoddisfazione per il lavoro. La soddisfazione lavorativa di un dipendente differisce per significato e importanza in relazione agli aspetti del lavoro. Alcuni possono ritenere estremamente importanti la retribuzione e i benefici accessori che soddisfano le loro aspettative; altri possono ritenere essenziale avere un lavoro che offra l'opportunità di svolgere incarichi impegnativi. I risultati di studi precedenti indicano che molti aspetti diversi del lavoro, come la retribuzione, le promozioni, la supervisione, i benefici collaterali, il sostegno dei colleghi e l'orario di lavoro eccessivo (Watson *et al.* 2003) sono associati ai livelli di soddisfazione. Martin sons e Cheung (2001) hanno riferito che l'insufficiente retribuzione e le scarse prospettive di promozione dei professionisti IT sono le principali fonti di insoddisfazione. Ad esempio, l'offerta di compensi e ricompense significativamente più bassi rispetto ai concorrenti per lo stesso tipo di lavoro può scatenare l'insoddisfazione dei dipendenti e creare in loro l'intenzione di lasciare l'organizzazione. Pertanto, è importante sapere se i dipendenti sono soddisfatti. È stato inoltre ampiamente espresso che la soddisfazione lavorativa sembra derivare dall'interazione tra il dipendente, il lavoro stesso e il contesto organizzativo all'interno del quale il lavoro viene svolto. In sintesi, l'ambito della soddisfazione lavorativa varia a seconda dei settori, ma concetti generali come le condizioni fisiche che consentono di sfruttare le capacità dei dipendenti, l'orgoglio di lavorare in un'organizzazione e il senso di appartenenza che porta alla soddisfazione lavorativa sono tra gli elementi adottati in qualsiasi studio sulla QWL.

3.4. Sviluppo delle competenze:

È emerso un forte consenso sul fatto che i professionisti dell'IT debbano migliorare continuamente i loro set di competenze per rimanere occupabili nel settore IT Il lavoro associato a una maggiore varietà di compiti, alla discrezionalità dei compiti e alle opportunità di sviluppo delle competenze favorisce lo sviluppo delle competenze tra la forza lavoro (Javernpaa e Eloranthay, 2001). Esistono tipi di lavoro che sono intrinsecamente interessanti e offrono opportunità di sviluppo delle competenze. La natura dei lavori legati all'IT dovrebbe stimolare la crescita delle competenze e delle conoscenze. Questo è considerato un aspetto importante dello sviluppo delle competenze che migliora la QWL. Pertanto, lo sviluppo delle competenze è inteso come la natura del lavoro che offre opportunità e stimola la crescita delle abilità e delle conoscenze sia per la carriera che per lo sviluppo organizzativo. L'opportunità di sviluppo della carriera fornirà una formazione essenziale che aiuterà i singoli dipendenti a dotarsi di nuove competenze per avanzare nella loro carriera. La maggior parte delle organizzazioni contemporanee non si limita a formare i dipendenti per un lavoro, ma va oltre, fornendo loro un sistema di supporto che incoraggia l'apprendimento sul posto di lavoro. Le ricerche empiriche dimostrano che la professione IT è associata a livelli di competenze più elevati, a una maggiore responsabilità dei dipendenti e a una maggiore complessità dei compiti, che portano a un maggiore utilizzo delle capacità individuali. Pertanto, gli individui in questo scenario lavorativo, che utilizzano infrastrutture tecnologiche più avanzate, sono esposti a un maggiore sviluppo delle competenze (Wall, Cordery e Clegg, 2002). Le opportunità di apprendimento e la discrezione delle competenze hanno dimostrato di avere un effetto positivo sulla soddisfazione lavorativa e sulla riduzione dello stress lavorativo, che porterà a una migliore QWL. L'opportunità di sviluppare e utilizzare le competenze è associata ai meccanismi di apprendimento. Questo vale soprattutto quando il lavoro richiede ai dipendenti di mettere in campo abilità cognitive. Per quanto riguarda l'apprendimento, una maggiore autonomia sul lavoro migliora l'acquisizione e l'utilizzo delle conoscenze, mentre una maggiore partecipazione è ritenuta in grado di promuovere la crescita cognitiva attraverso un maggiore trasferimento di conoscenze tra i dipendenti (Scully, Kirkpatrick e Locke 1995). Un ambiente di lavoro di questo tipo amplia la base di conoscenze, porta a una migliore comprensione del modo in cui il lavoro è collegato ad altre pratiche organizzative e a una maggiore capacità di risolvere i problemi. In una situazione del genere, i dipendenti acquisiscono il repertorio cognitivo e comportamentale per prevedere, controllare o affrontare le richieste incerte, riducendo così la probabilità di una scarsa QWL. Al contrario, richieste di lavoro elevate con un controllo inadeguato riducono la capacità e le opportunità di sviluppare nuove competenze e conoscenze, rafforzando così atteggiamenti negativi e ansia che peggiorano la QWL. Martin sons e Cheung (2001) hanno inoltre riportato che le competenze tecniche informatiche sono state percepite come le più importanti per i nuovi professionisti IT. Mentre le competenze più importanti per i professionisti IT esperti erano la gestione dei progetti, le competenze interpersonali e la conoscenza del business. Le competenze tecniche sono importanti perché sono legate alla creatività, alla flessibilità e alla capacità di lavorare in gruppo (Jarvenpaa e Eloranta, 2001). Pertanto, la mancanza di progressione di carriera e di sviluppo professionale in un ambiente di lavoro di questo tipo può far sì che i professionisti IT sperimentino una scarsa QWL. Pertanto, la comprensione dei costrutti della QWL in termini di ambiente di lavoro che fornisce le competenze essenziali ai professionisti IT per eccellere nella loro carriera garantirà una buona QWL.

3.5. Equilibrio tra vita lavorativa ed extra-lavorativa:

Una componente fondamentale della QWL, importante sia per i dipendenti che per i datori di lavoro, è il rapporto tra lavoro e vita domestica. In un ambiente sempre più competitivo, è difficile separare la vita domestica da quella lavorativa. Oggi è più probabile che i dipendenti esprimano un forte desiderio di avere un equilibrio armonioso tra carriera, vita familiare e attività del tempo libero. Ciò ha suggerito a livello internazionale la necessità di politiche nazionali in molti Paesi. Una convenzione dell'OIL, adottata nel 1981, afferma che è necessario che le organizzazioni aiutino i dipendenti a conciliare il lavoro con la vita privata.

e le esigenze extra-lavorative (Lewis, 1997). Il vantaggio di poter lavorare ovunque e in qualsiasi momento ha reso meno netti i confini tra lavoro e tempo libero. Ironia della sorte, con la rivoluzione informatica e l'intensificazione delle comunicazioni virtuali, il carico di lavoro e le ore di lavoro della forza lavoro sono aumentati. La funzione estesa dell'informatica come strumento di comunicazione impone ai dipendenti di distinguere tra informazioni significative e insignificanti.

Questo potrebbe aumentare l'intensità del lavoro, perché il sovraccarico di informazioni attraverso la posta elettronica consuma una quantità considerevole di tempo. Pertanto, i professionisti dell'IT sono tenuti a lavorare a lungo; di conseguenza, compromettere il loro tempo personale porterà a uno squilibrio tra lavoro e vita extra-lavorativa.

La minaccia di uno squilibrio tra vita lavorativa ed extra-lavorativa ha implicazioni non solo per i dipendenti, ma anche per le organizzazioni, i governi e la società (Grzywacz e Marks, 2000; Swanson, Power e Simpson, 1998). Questa relazione è bidirezionale, perché studi precedenti hanno indicato che ambienti meno favorevoli sul posto di lavoro hanno un impatto maggiore sulla vita domestica che viceversa. Un altro fattore importante che crea una condizione di squilibrio sul lavoro è l'impegno nelle attività lavorative. Si ritiene che l'ambiente di lavoro IT sia un luogo di lavoro ad alto impegno, che costringe i professionisti IT a sacrificare le ore di svago personale per soddisfare le esigenze lavorative. La programmazione flessibile degli orari di lavoro, che presumibilmente contribuisce a bilanciare il rapporto tra lavoro e famiglia, può creare un conflitto. Questo tipo di lavoro richiede ai professionisti IT di essere impegnati sul lavoro ogni volta che è possibile e li distoglie dal partecipare ad attività non legate al lavoro. Una meta-analisi ha confermato che il conflitto tra lavoro e vita extra-lavorativa è associato a una riduzione del benessere psicologico e ad altri risultati negativi (Allen et al., 2000). Il conflitto famiglia-lavoro è una forma di conflitto inter-ruolo in cui la richiesta generale di tempo dedicato al lavoro interferisce con il coinvolgimento delle responsabilità familiari. Lo studio condotto da Aminah (2002) sostiene che il conflitto familiare inter-ruolo si verifica quando le richieste cumulative di più ruoli a casa e al lavoro diventano troppo grandi da gestire comodamente.

Allen et al. (2000) hanno sottolineato che i problemi associati alle responsabilità familiari sono ulteriori fonti che possono diminuire la QWL dei professionisti IT. Inoltre, affermano che quando un dipendente ha maggiori responsabilità lavorative, ci sarà una maggiore ricaduta dei risultati negativi del lavoro sulla vita familiare. Le richieste di gestione di maggiori responsabilità sul lavoro e a casa sono anche una potenziale fonte di stress, perché permettono una ricaduta sulla vita familiare, creando un ambiente di lavoro squilibrato. Burke (1998) ha proposto tre ipotesi per spiegare il rapporto lavoro-famiglia. La prima è quella dello spillover, in cui gli eventi di un ambiente influenzano l'altro; la seconda è quella della compensazione, in cui gli individui cercano di compensare in un ambiente ciò che manca nell'altro e la terza è quella in cui gli ambienti possono essere descritti come indipendenti.

Di conseguenza, i datori di lavoro basati sulle tecnologie dell'informazione, che sono stati lenti a rispondere alle continue pressioni, hanno contribuito a far crescere l'incidenza del conflitto tra lavoro e vita privata tra i loro dipendenti. Le ricadute tra lavoro e vita personale hanno serie implicazioni sulla QWL dei dipendenti. È stato anche sostenuto che il conflitto legato alle esigenze lavorative e personali può portare a risultati negativi per la salute dei dipendenti, può diminuire l'impegno organizzativo, la soddisfazione lavorativa e aumentare il burnout, che alla fine porterà a una scarsa QWL. Si ritiene che le pratiche tradizionali di politica delle risorse umane, che richiedono ai professionisti IT di lavorare a lungo a scapito del tempo personale, generino un cattivo rapporto tra lavoro e famiglia. Un orario di lavoro prolungato riflette costantemente una cattiva salute sia fisica che psicologica. La maggior parte degli studi sulle ore di lavoro e la salute confermano che orari di lavoro prolungati si riflettono sulla salute dei dipendenti, sia fisica che psicologica. Poiché l'ambiente di lavoro informatico impone ai suoi dipendenti di lavorare per lunghi orari sia in ufficio che a casa, questo potrebbe avere un effetto tremendo sulle relazioni coniugali e familiari. Esiste un legame tra orari prolungati e disgregazione della famiglia, soprattutto perché nell'ambiente lavorativo contemporaneo una famiglia media è composta da due persone. Elisa ed Ellen (2001) hanno rivelato che la maggior parte dei dipendenti ritiene che i lunghi orari di lavoro abbiano influito negativamente sulla loro vita personale e sulle responsabilità familiari.

La portabilità e la connettività delle tecnologie informatiche consentono di svolgere le attività lavorative anche da aree remote. Le scadenze stringenti dei loro compiti incoraggiano i professionisti IT a dedicarsi al lavoro per più ore al giorno. In effetti, i professionisti IT sono disposti a sacrificare le attività extra-lavorative per portare a termine il compito in tempo. Bradley (2001) ha sostenuto che l'aumento costante della domanda di lavoro crea un isolamento del personale dalla famiglia. Le responsabilità personali e familiari vengono trascurate nel processo di garanzia di una prospettiva economica; di conseguenza, si deteriora l'interazione della vita familiare che riduce la QWL. La pressione competitiva sul lavoro dei professionisti dell'IT, che devono aumentare la produttività con risorse limitate, rende difficile raggiungere un equilibrio tra lavoro e vita privata. Le pressioni lavorative si ripercuotono sull'ambiente sociale del dipendente e, se non si adottano misure correttive, possono portare a una scarsa vita sociale. Pertanto, per bilanciare la vita lavorativa ed extra-lavorativa sono state suggerite alternative quali interruzioni di carriera, accordi di lavoro flessibili (Bijleveld, Andries e Rijkevorsel, 2000) e politiche occupazionali favorevoli alla famiglia. Ridurre il livello di spillover può aiutare a ridurre lo stress percepito e lo stress psicologico e a mantenere un certo equilibrio tra i due ambienti (Aminah, 2002). Il basso livello di supporto organizzativo esistente e l'aumento del conflitto tra lavoro e vita privata comportano il rischio di una minore QWL.

Le organizzazioni devono fornire strumenti alternativi di impiego per eliminare la pressione di spillover senza influenzare la progressione di carriera. L'equilibrio è importante soprattutto tra i professionisti dell'IT, al fine di alimentare e sviluppare pratiche di risorse umane sostenibili nell'ambiente di lavoro IT. Pertanto, l'equilibrio tra vita lavorativa ed extra-lavorativa è suggerito come una delle misure della QWL.

Un paradigma che mostra i costrutti della QWL

Salute e benessere
Essere
Competenza Sicurezza del lavoro
Sviluppo
Qualità del lavoro
Vita (QWL)
Soddisfazione lavorativa
Lavoro e Non-
Vita lavorativa
Equilibrio

4. Conclusioni e raccomandazioni:

Le industrie IT di molti Paesi in via di sviluppo, come la Malesia, stanno affrontando sfide enormi per soddisfare la domanda del mercato del lavoro. Una buona pratica delle risorse umane incoraggerebbe i professionisti dell'IT a essere più produttivi e a godere del proprio lavoro. Pertanto, la QWL sta diventando un'importante questione di risorse umane nelle organizzazioni IT. Politiche e procedure strategiche efficaci in materia di risorse umane sono essenziali per governare e garantire un'eccellente QWL tra i professionisti IT. Al contrario, misure strategiche inadeguate in materia di risorse umane, che non sono in grado di affrontare questi problemi, possono effettivamente distorcere la QWL, facendo fallire la visione delle organizzazioni di diventare competitive a livello globale. Pertanto, questa analisi cerca di suggerire il significato e ciò che costituisce la QWL dal punto di vista dei professionisti IT del settore.

È pertinente avere una migliore comprensione dei cambiamenti nelle componenti della QWL dei professionisti dell'IT per consentire agli operatori delle risorse umane e agli educatori degli adulti di adottare misure proattive nell'integrazione di strategie rilevanti per le risorse umane, modelli di cambiamento, politiche, procedure, programmi di formazione appropriati, motivazione e strategie di coping per migliorare la QWL dei professionisti dell'IT. Conoscendo i costrutti della QWL come indicato nella Figura 1, le organizzazioni sono in grado di identificare modi e mezzi per migliorare l'approccio nel minimizzare l'impatto negativo dei cambiamenti negli ambienti di lavoro relativi alla QWL. Gli elementi principali della QWL, come la salute e il benessere, la sicurezza del lavoro, la soddisfazione lavorativa, lo sviluppo delle competenze, l'equilibrio tra lavoro e vita extra-lavorativa, dovrebbero aiutare gli operatori delle risorse umane e gli educatori degli adulti a co-progettare il lavoro nel settore IT con fattori umanistici. Ciò garantirà una transizione graduale della forza lavoro contemporanea verso una forza lavoro basata sulla conoscenza.

In seguito, questa analisi servirà anche da guida per i ministeri competenti in materia di comunicazione e funzioni multimediali, per gli operatori organizzativi, per i decisori e per i singoli dipendenti, al fine di umanizzare il luogo di lavoro per una migliore QWL.

Riteniamo che i risultati di questa analisi abbiano implicazioni significative anche per gli individui che intendono intraprendere la professione informatica e che aiutino i potenziali professionisti IT a prepararsi psicologicamente ad affrontare le richieste e le sfide che altrimenti potrebbero rischiare una scarsa QWL. Questa analisi permette anche di sfruttare le conoscenze di altri studiosi in diversi contesti lavorativi e culturali per colmare una carenza di informazioni che può migliorare la comprensione della QWL tra i professionisti IT. Riteniamo inoltre che questa rassegna fornisca indicazioni ai ricercatori di vari settori, come la pratica medica, la sicurezza e la salute sul lavoro (SSL) e l'ergonomia, per esplorare ulteriormente le prove empiriche che influenzano la QWL dei professionisti IT.

L'approccio istituzionale europeo al concetto di vita lavorativa:

La Strategia di Lisbona mira a far fronte ai cambiamenti indotti dalla globalizzazione e da un'economia basata sulla conoscenza, definendo un nuovo obiettivo strategico. Questo quadro richiede una strategia globale che possa essere suddivisa in obiettivi specifici e modalità di realizzazione. Nel 2000, il Consiglio europeo di Lisbona ha deciso di lanciare una strategia decennale incentrata sul raggiungimento di una posizione economica di primo piano in termini di dinamismo e competitività.

Questa strategia si basa su quattro assi:

(a) Raggiungere un'economia basata sulla conoscenza;

(b) Modernizzare il modello sociale europeo;

(c) Sviluppare un quadro di politiche macroeconomiche adeguate e orientate alla stabilità;

(d) Raggiungere lo sviluppo sostenibile.

Nel marzo 2005 si è tenuto a Bruxelles il Consiglio europeo. In questa riunione è emerso un notevole interesse per una revisione intermedia della Strategia di Lisbona, poiché diversi obiettivi dell'agenda non erano stati chiaramente raggiunti. Questi obiettivi includevano alcuni obiettivi specifici molto interessanti. Di seguito sono elencati tre obiettivi legati al nostro studio: Research Institute of Applied Economics 2007 Working Papers 2007/13, 15 pagine3.

- **Più posti di lavoro e migliori per l'Europa: sviluppare una politica attiva per l'occupazione.** Quattro aree sono state associate alla riduzione della disoccupazione e all'aumento del tasso di occupazione: migliorare l'occupabilità e ridurre le carenze di competenze, aumentare l'adattabilità attraverso l'apprendimento permanente, aumentare l'occupazione nei servizi e ridurre la segregazione occupazionale.

- **Istruzione e formazione per vivere e lavorare nella società della conoscenza.** I sistemi di istruzione e formazione europei devono offrire opportunità di apprendimento e formazione per la società della conoscenza attraverso tre fattori principali: lo sviluppo di centri di apprendimento locali, la promozione di nuove competenze di base e l'aumento della trasparenza delle qualifiche. Vi sono anche alcuni obiettivi specifici: dimezzare la percentuale di giovani tra i 18 e i 24 anni che hanno solo un'istruzione di livello secondario; trasformare le scuole in centri di apprendimento locali polivalenti; introdurre un diploma europeo per le competenze di base nelle tecnologie dell'informazione; promuovere la mobilità degli agenti educativi; introdurre un formato comune per i *curricula vitae.*

- **Promuovere l'inclusione sociale.** La nuova società della conoscenza ha il potenziale per ridurre la povertà. Tuttavia, aumenta anche il rischio di esclusione sociale. Per ridurre il divario si raccomandano diversi passi: promuovere una migliore comprensione dell'esclusione sociale; promuovere l'inclusione a livello nazionale, integrata a livello comunitario dal quadro dei Fondi strutturali; sviluppare azioni prioritarie per gruppi target specifici (minoranze, disabili, ecc.).

Al Consiglio europeo straordinario di Lisbona, tenutosi nel marzo 2000, è stato stabilito che i progressi compiuti verso il raggiungimento dell'obiettivo strategico per il prossimo decennio - diventare l'economia basata sulla conoscenza più competitiva e dinamica del mondo, in grado di realizzare una crescita economica sostenibile con nuovi e migliori posti di lavoro e una maggiore coesione sociale - devono essere regolarmente discussi e valutati. Pertanto, il Consiglio ha invitato la Commissione a redigere una relazione annuale di sintesi (la *relazione di primavera*) su questi progressi, utilizzando indicatori strutturali reciprocamente accettati. Questi indicatori garantiscono la coerenza e la presentazione standard delle relazioni.

Per soddisfare la richiesta del Consiglio europeo, dal 2000 la Commissione presenta alla fine di ogni anno una comunicazione intitolata "Indicatori strutturali". Questo documento comprende una serie di indicatori da utilizzare nella relazione di sintesi per il rispettivo Consiglio europeo di primavera (COM-2000 594 definitivo, COM-2001 619 definitivo, COM-2002 551 definitivo e COM-2003 585 definitivo). È difficile fornire un'idea chiara dei progressi compiuti verso gli obiettivi del Consiglio europeo di Lisbona (ampliati nella riunione di Göteborg e perfezionati nei Consigli di Stoccolma e Barcellona) quando si utilizza un numero elevato di indicatori. Per questo motivo, nella relazione della Commissione al Consiglio europeo di primavera del 2004, tuttavia, per affrontare il tema della qualità del lavoro in modo completo, coerente e strutturato, era necessario stabilire una serie di indicatori appropriati all'interno di un quadro basato sul consenso. La Commissione ha quindi proposto una serie di indicatori che coprono 10 dimensioni principali della qualità all'interno di due grandi assi. Ogni dimensione è stata approssimata utilizzando una serie di possibili concetti e indicatori (cfr. Tabella 1).

Dimensioni CE della QWL:

1. Qualità intrinseca del lavoro

2. Competenze, apprendimento permanente e sviluppo della carriera

3. Uguaglianza di genere

4. Salute e sicurezza sul lavoro

5. Flessibilità e sicurezza

6. Inclusione e accesso al mercato del lavoro

7. Organizzazione del lavoro ed equilibrio tra lavoro e vita privata

8. Dialogo sociale e coinvolgimento dei lavoratori

9. Diversità e non discriminazione

10. Prestazioni lavorative complessive

Fonte: COM-2001 313 definitivo
ICT, lavoro flessibile e qualità della vita:

Flessibilità e tecnologia sono parole chiave in molti approcci al futuro del lavoro. La flessibilità appare come una parola di portafoglio, che comprende organizzazioni flessibili, mercati flessibili, modelli di lavoro flessibili. La tecnologia si riferisce principalmente alla nuova ondata di tecnologie dell'informazione e della comunicazione (TIC), compresi i sistemi di comunicazione e transazione basati su Internet, i dispositivi mobili, la telefonia integrata nel computer, il groupware, il flusso di lavoro, la multimedialità, ecc. Si suppone che la flessibilità e la tecnologia determineranno le principali tendenze nell'evoluzione della qualità del lavoro e della vita nell'imminente "società dell'informazione" o "società della conoscenza".

Il presente documento affronta tre questioni:

- In che modo le TIC contribuiscono all'espansione e alla diversificazione delle pratiche di lavoro flessibile?

- Quali sono gli impatti delle nuove forme di lavoro flessibile sulla qualità della vita?

- Come progettare un concetto di "flessibilità socialmente sostenibile", che migliori sia le prestazioni delle organizzazioni flessibili che il livello di benessere?

Le TIC e lo sviluppo di pratiche di lavoro flessibili:

In un progetto di ricerca europeo su "Pratiche di lavoro flessibili e tecnologie della comunicazione" (FLEXCOT) (1), proponiamo un modello di caratterizzazione delle forme di lavoro flessibili e/o atipiche (Tabella 1), che comprende sia forme emergenti che ben note (Vendramin P. et al., 2000). Non tutte sono legate all'uso delle TIC. Inoltre, la flessibilità non è determinata dalla tecnologia, ma piuttosto dalle risposte a stimoli esterni ben noti: aumento della concorrenza, globalizzazione, produzione just-in-time, crescente diversificazione delle richieste dei consumatori, cambiamenti nella composizione della forza lavoro, ecc. Tuttavia, vanno menzionate due caratteristiche importanti:

- 1.La diversificazione delle forme di lavoro flessibile, a livello aziendale o settoriale, è molto spesso legata alla diffusione di nuove applicazioni e servizi ICT. Esiste un'interazione tra innovazione tecnologica e cambiamenti organizzativi. Le TIC supportano e favoriscono l'implementazione di forme di lavoro flessibili e ne aumentano l'efficienza.

- 2. Le TIC sono innanzitutto una tecnologia di gestione del tempo e dello spazio. Pertanto, la base

I concetti di orario e luogo di lavoro sono fortemente messi in discussione dalle TIC. Di conseguenza, l'uso crescente delle TIC rende sempre più labili i confini tra tempo di lavoro e altri tempi sociali, tra sfera professionale e personale.

Impatto delle forme di lavoro flessibile sulla qualità della vita:

Gli studi sull'impatto del lavoro flessibile sulla qualità della vita coprono un ampio spettro di analisi, che il più delle volte si colloca tra gli estremi ottimistici e pessimistici di questo spettro:

- 1. Le analisi ottimistiche sottolineano gli elementi positivi delle nuove modalità di lavoro: autonomia, competenze più elevate e maggiori possibilità di conciliare gli impegni lavorativi con quelli sociali.

Gli ex dipendenti stanno diventando "lavoratori a portafoglio": vendono i loro servizi a diversi datori di lavoro, sviluppano le loro competenze, la loro indipendenza e le loro capacità imprenditoriali.

- 2.Il gruppo centrale è costituito da posti di lavoro stabili, caratterizzati da flessibilità funzionale o flessibilità dell'orario di lavoro negoziata, prospettive di carriera, competenze elevate e in evoluzione, opportunità di formazione, salari sociali e basso turnover (mobilità volontaria).

- 3.I vari gruppi periferici comprendono i lavoratori temporanei e altri contratti "atipici" involontari, caratterizzati da maggiore insicurezza e precarietà, livelli salariali più bassi, scarse prospettive di carriera, accesso limitato alla formazione ed elevato turnover. Le donne e i giovani lavoratori sono sproporzionatamente sovrarappresentati in questi gruppi periferici.

Relazione tra la percezione della qualità della vita lavorativa e la soddisfazione professionale

L'oggetto di questo studio è la relazione tra la qualità della vita lavorativa e la soddisfazione per determinati attributi del lavoro in relazione ai contenuti del lavoro e all'ambiente di lavoro. La qualità della vita lavorativa nelle organizzazioni è spiegata sulla base delle tendenze all'umanizzazione degli ambienti di lavoro e alla democratizzazione delle relazioni di lavoro. Le tre dimensioni generali stabilite in una serie di ricerche di Moose (1974, 1981, 1994; Young 1998; Teh 1999) sugli aspetti psicosociali in diversi contesti: educativo, sanitario, militare, economico, dei servizi, universitario, carcerario ecc. sono considerate come caratteristiche di ogni ambiente di lavoro. Le dimensioni ambientali di base comprendono: Dimensioni relazionali (coesione tra pari, coinvolgimento, ecc.) che identificano la natura e l'intensità delle relazioni personali nell'ambiente e valutano il grado di coinvolgimento nell'ambiente e il grado di sostegno reciproco; Dimensioni di crescita personale (interesse professionale, ecc.) che valutano le principali direzioni lungo le quali la crescita personale e la valorizzazione di sé sono dirette alla realizzazione degli obiettivi ambientali; e Dimensioni di mantenimento e cambiamento del sistema (innovazione, chiarezza, ecc.) che comprendono il grado di ordine nel contesto, la chiarezza delle aspettative, il mantenimento del controllo e l'adattamento ai cambiamenti.

I motivatori sono considerati fattori di soddisfazione lavorativa, mentre i fattori igienici sfavorevoli causano insoddisfazione nell'ambiente di lavoro (Hertzberg 197, secondo McKenna 2000).

Vengono presentati i risultati di ricerche precedenti sull'esistenza di associazioni significative tra la soddisfazione lavorativa e un gran numero di attributi lavorativi. Le ricerche contemporanee sulla qualità della vita lavorativa suggeriscono che i dati sulla soddisfazione lavorativa possono sostituire la qualità del lavoro (Wooden & Warren 2003; Bearfield 2003; Bowling et al., 2004). Si sottolinea che con l'implementazione di cambiamenti organizzativi su larga scala, è importante comprendere il ruolo che l'individuo gioca nell'esperienza di soddisfazione lavorativa. L'approccio per la misurazione delle percezioni delle caratteristiche del lavoro e dell'ambiente di lavoro viene spiegato in modo più dettagliato. Si sottolinea che, in condizioni di economia di mercato e di tendenza all'inclusione nel mercato comune europeo, le organizzazioni devono realizzare standard di qualità del lavoro e mantenere la soddisfazione lavorativa dei dipendenti. Il campione comprende 32 dipendenti dell'impresa commerciale specializzata nella distribuzione di apparecchi e dispositivi elettronici "E- trade" di Skopje. I dati sono stati raccolti attraverso una scala di 18 affermazioni per la qualità della vita lavorativa (Bearfield, 2003) e un questionario di 55 affermazioni per lo studio della soddisfazione lavorativa (Assoc. Prof. V. Russinova, Res. Assoc. L. Vasileva, S. Zhilyova e Pl. Petrov, presso l'Istituto di psicologia dell'Accademia bulgara delle scienze). Le affermazioni di entrambi gli strumenti sono valutate su una scala a 4 gradi (1- 4) con valori estremi denominati come: 1-_completamente insoddisfatto/disaccordo_; 4- _completamente soddisfatto/accordo_. Entrambi gli strumenti e tutte le 9 sottoscale del questionario per lo studio della soddisfazione lavorativa presentano valori soddisfacenti di affidabilità della consistenza interna.

La ricerca è stata condotta nel giugno 2005. I risultati ottenuti con la procedura correlativa sono presentati in una tabella adeguata. L'analisi correlativa ha rivelato l'esistenza di associazioni significative tra la qualità della vita lavorativa e la soddisfazione per un maggior numero di attributi lavorativi studiati: soddisfazione per l'organizzazione, il controllo, la pianificazione e l'informazione sul lavoro; soddisfazione per l'opportunità di accrescere le qualifiche e la realizzazione; soddisfazione per la retribuzione e gli stimoli; soddisfazione per le interrelazioni tra le personalità lavorative; soddisfazione per lo stile manageriale; soddisfazione per le interazioni sul lavoro tra i colleghi, l'amministrazione e la direzione; soddisfazione per il lavoro della direzione per lo sviluppo organizzativo e l'alta qualità. La soddisfazione totale per il lavoro si è dimostrata un forte determinante nella varianza della qualità della vita lavorativa. Questo risultato supporta la ben nota consapevolezza che i dati sulla soddisfazione lavorativa possono sostituire le misure della qualità della vita lavorativa. La conclusione di questo studio suggerisce la necessità di un successivo miglioramento degli attributi lavorativi e del loro adeguamento permanente alle caratteristiche individuali, al fine di realizzare una maggiore produttività nell'organizzazione.

Parole chiave: qualità; vita lavorativa; soddisfazione lavorativa.

Migliorare la qualità della vita lavorativa attraverso la legislazione sul lavoro:

Il presente documento è stato redatto nel contesto del declino della qualità della vita lavorativa (QWL), dell'utilizzo delle capacità e del contributo delle industrie manifatturiere in Nepal. Il presente documento si concentra principalmente sulla revisione delle leggi sul lavoro esistenti in Nepal, sulla loro attuazione e sull'esame della natura attuale dei posti di lavoro e delle aspettative dei leader sindacali al fine di migliorare la situazione della QWL dei dipendenti nepalesi.

Dall'analisi attuale e dalle evidenze aneddotiche, sembra che negli ultimi 15 anni non ci siano stati cambiamenti significativi nella natura dei posti di lavoro nel settore manifatturiero. Sebbene le leggi sul lavoro prevedano disposizioni e meccanismi ben definiti per l'attuazione di tali disposizioni al fine di garantire i diritti dei lavoratori, a livello organizzativo si riscontrano numerose lacune. Tutti e tre gli attori, governo, datori di lavoro e sindacati, in larga misura, non sono riusciti ad attuare la legislazione sul lavoro.

Da un'indagine di opinione condotta su 40 leader sindacali è emerso che la maggior parte di essi si concentra sulla necessità di un meccanismo adeguato per l'applicazione della legislazione e sull'introduzione di alcune altre disposizioni che non sono incluse nella legislazione del lavoro esistente. Essi continuano a ritenere che nelle organizzazioni nepalesi la retribuzione, i benefit e la sicurezza del posto di lavoro siano considerati i fattori motivazionali più importanti per migliorare il livello di QWL. Allo stesso tempo, è necessario prendere in considerazione la possibilità di migliorare la QWL attraverso l'istruzione, la formazione e altri programmi di sviluppo delle competenze.

Qualità della vita lavorativa in BSNL

Poteri e doveri dei funzionari e degli operai

I poteri e i doveri dei funzionari e degli impiegati della Società derivano principalmente dalle descrizioni delle mansioni, dai manuali, dai termini e dalle condizioni di nomina e dalle deleghe di autorità stabilite dalla Società. I dipendenti della Società sono incaricati di svolgere le operazioni commerciali della Società, che sono in linea con gli obiettivi specificati nell'Atto costitutivo della Società. Nello svolgimento dei loro compiti e delle loro responsabilità, i funzionari e i dipendenti della Società si attengono alle disposizioni statutarie, alle norme e ai regolamenti vigenti.

Procedure seguite nel processo decisionale, compresi i canali di supervisione e responsabilità

Il processo decisionale della Società segue il seguente Canale

CONSIGLIO DI AMMINISTRAZIONE U PRESIDENTE ft E DIRETTORE GENERALE

Ft DIRETTORI FUNZIONALI ESECUTIVI

La gestione complessiva della Società è affidata al Consiglio di amministrazione della Società. Il Consiglio di amministrazione è il massimo organo decisionale della Società. Secondo le disposizioni del Companies Act del 1956, alcune questioni richiedono l'approvazione degli azionisti della Società in Assemblea generale. Il Consiglio di amministrazione è responsabile nei confronti degli azionisti della Società, che sono l'autorità ultima di una Società. Essendo Bharat Sanchar Nigam Limited un'impresa del settore pubblico (PSE), il Consiglio di amministrazione della Società risponde anche al Governo indiano.

La gestione quotidiana della Società è affidata al Presidente e Amministratore Delegato, ai Direttori Funzionali e ai Dirigenti della Società. A tal fine, il Consiglio di amministrazione ha delegato i poteri al Presidente e all'Amministratore delegato, ai Direttori funzionali e ai Dirigenti della Società attraverso la delega di poteri finanziari e amministrativi. Il Consiglio di amministrazione ha inoltre delegato alcuni dei suoi poteri specifici a un comitato, noto come Comitato di gestione, composto dal direttore generale e dai direttori funzionali. I direttori funzionali e i dirigenti esercitano i loro poteri decisionali in base a questa delega. Il Presidente e Amministratore Delegato, i Direttori Funzionali e gli altri dirigenti sono responsabili nei confronti del Consiglio di Amministrazione per il corretto svolgimento dei loro compiti e responsabilità. I poteri non delegati sono esercitati dal Consiglio di amministrazione nel rispetto delle restrizioni e delle disposizioni del Companies Act, 1956 e dello Statuto della Società.

Le norme stabilite per l'esercizio delle funzioni

La Società dispone di procedure e linee guida ben definite sotto forma di deleghe di poteri, politiche e linee guida stabilite, manuali al fine di garantire la conformità alle disposizioni di vari statuti, norme e regolamenti e alle linee guida del Dipartimento delle imprese pubbliche, della Commissione centrale di vigilanza e di altre organizzazioni interessate.

Le norme, i regolamenti, le istruzioni, i manuali e i registri in possesso dell'azienda o sotto il suo controllo o utilizzati dai suoi dipendenti per l'espletamento delle proprie funzioni.

Gli obiettivi generali e il quadro delle norme e dei regolamenti della Società sono stabiliti nell'Atto costitutivo e nello Statuto della Società. Ogni dipartimento della Società, nello svolgimento delle proprie funzioni, è guidato da manuali, politiche e linee guida che vengono periodicamente riviste e aggiornate. La maggior parte dei funzionari del Gruppo A dei vari servizi centrali organizzati sono in supplenza presso la Società e sono disciplinati dalle norme e dai regolamenti del Governo centrale. Per quanto riguarda i dipendenti assorbiti, al momento, ad eccezione delle regole stabilite dalla BSNL, sono regolati dalle norme e dai regolamenti del Governo centrale.

Documenti in possesso dell'azienda o sotto il suo controllo

La Società conserva vari documenti statutari, registri, libri, licenze, manuali, accordi ecc. per le operazioni commerciali della Società, come richiesto da vari statuti, norme e regolamenti e per il buon funzionamento della Società.

Informazioni sulle modalità di consultazione del pubblico in relazione alla formulazione delle politiche o alla loro attuazione.

Bharat Sanchar Nigam Limited è un'organizzazione commerciale e le politiche da essa formulate riguardano la sua gestione interna; pertanto, non è necessario consultare i membri del pubblico prima di formulare le sue politiche interne.

Tuttavia, le politiche interne della Società sono formulate in conformità alle disposizioni applicabili dello statuto, delle norme e dei regolamenti, ecc.

I membri del pubblico che hanno a che fare con la Società nelle sue transazioni commerciali e che hanno reclami o lamentele, possono rivolgersi via e-mail o ai funzionari competenti per ottenere una soluzione come quella ospitata nel sito web **www.bsnl.co.in**.

Dichiarazione sul consiglio di amministrazione e sui sottocomitati del consiglio di amministrazione e altri comitati

La gestione della Società è affidata al Consiglio di amministrazione. In base allo Statuto della Società, il Consiglio di amministrazione può avere un minimo di tre e un massimo di quindici amministratori. Attualmente vi sono sei amministratori funzionali a tempo pieno, tra cui il Presidente e l'Amministratore delegato, e un amministratore nominato dal governo a tempo parziale. http://www.iocl.com/The riunioni del Consiglio di amministrazione e dei comitati del Consiglio non sono accessibili al pubblico. Analogamente, i libri dei verbali del Consiglio di amministrazione e dei comitati del Consiglio non sono accessibili al pubblico. Il profilo del Consiglio di amministrazione di BSNL può essere consultato sul sito web aziendale **www.bsnl.co.in**.

Elenco dei funzionari e degli operai

-La forza lavoro di Bharat Sanchar Nigam Limited al **31.03.2009 è di 299844** dipendenti". I dipendenti dei gruppi B, C e D degli ex 18 dipartimenti delle telecomunicazioni sono già stati assorbiti in modo permanente nei servizi della Società. I funzionari di vari servizi organizzati del Gruppo A sono per la maggior parte in supplenza presso la Società. Per i dettagli sui nomi, le denominazioni e i numeri di telefono del Consiglio di amministrazione e degli alti dirigenti della sede centrale della Società, si rimanda al sito web della Società www.bsnl.co.in. Per i dettagli relativi a varie altre unità, come i Circoli, ecc.

Dichiarazione sulla retribuzione mensile dei funzionari e degli operai, compreso il sistema di compensazione

La retribuzione dei funzionari assorbiti dalla Società è regolata dalle linee guida del Dipartimento delle imprese pubbliche del Governo indiano. Le tabelle retributive dei funzionari sono basate sul modello Industrial DA. I funzionari di vari servizi del Gruppo Organizzato, che sono in supplenza, sono regolati dalle retribuzioni e dalle indennità e dalle norme del Governo centrale. Le retribuzioni degli operai sono fissate tramite trattative con i sindacati dei lavoratori, nel rispetto delle linee guida generali del Dipartimento delle imprese pubbliche del Governo indiano. Di seguito è riportato il numero totale dei dipendenti nelle varie discipline (al 31.3.2005).

Analisi e interpretazione dei dati

I dati raccolti sono stati tabulati e poi analizzati e sono stati presentati insieme all'interpretazione in questo modo.

1. Le politiche salariali adottate dall'azienda sono,

TABELLA NO4.1

PARERE	RISPOSTA	PERCENTUALE
Fortemente d'accordo	6	20%
Accordati	21	70%
Neutro	3	10%
Fortemente in disaccordo	0	0%
Disaccordo	0	0%
TOTALE	30	100%

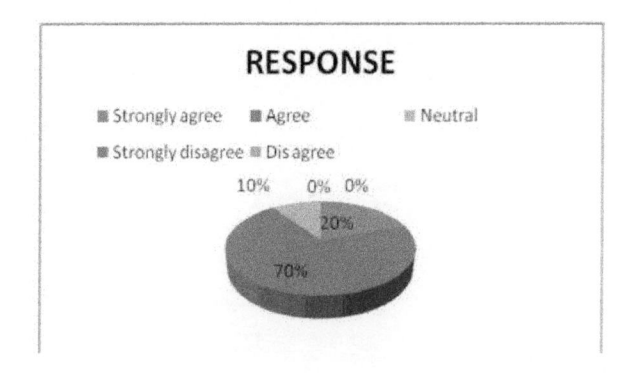

RESPONSE

- Strongly agree
- Agree
- Neutral
- Strongly disagree
- Disagree

10% 0% 0%
20%
70%

Interpretazione

Dal compito sopra descritto, si osserva che il 90% degli intervistati (70% fortemente d'accordo, 20% d'accordo) ha accettato che la qualità della vita lavorativa aiuta nelle politiche salariali adottate dall'azienda, mentre il 10% degli intervistati è rimasto neutrale.

2. Il sistema di valutazione delle prestazioni aiuta a costruire una relazione positiva tra superiore e subordinato.

TABELLA NO4.2

PARERE	RISPOSTA	PERCENTUALE
Fortemente d'accordo	3	10%
Accordati	15	50%
Neutro	6	20%
Fortemente in disaccordo	6	20%
Disaccordo	0	0%
TOTALE	30	100%

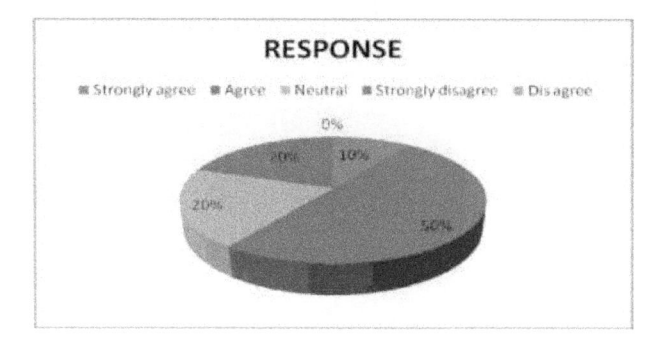

Interpretazione

Dal grafico si evince che il 60% degli intervistati (50% fortemente d'accordo, 10% d'accordo) ha accettato l'affermazione "L'organizzazione ti dà la libertà di usare le tue capacità nel tuo settore di lavoro" e il 20% degli intervistati non ha accettato l'affermazione.

3) La direzione vi riconosce i buoni risultati ottenuti.

TABELLA NO4.3

PARERE	RISPOSTA	PERCENTUALE
Fortemente d'accordo	3	20%
Accordati	12	40%
Neutro	9	30%
Fortemente in disaccordo	3	10%
Disaccordo	0	0%
TOTALE	30	100%

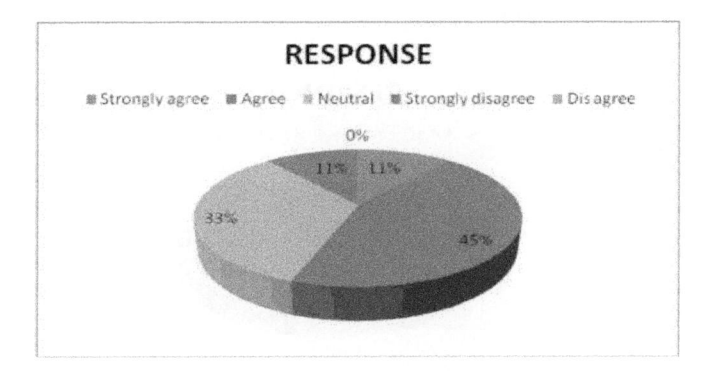

RESPONSE

■ Strongly agree ■ Agree ■ Neutral ■ Strongly disagree ■ Disagree

0%
11% 11%
33%
45%

Interpretazione:-

Dal diagramma sopra riportato si evince che il 60% dei dipendenti ritiene che la gestione dei riconoscimenti per i buoni risultati conseguiti in BSNL sia stata concepita in modo efficace.

4) Come giudica il "sistema di suggerimenti" attuato dall'azienda?

TABELLA NO4.4

PARERE	RISPOSTA	PERCENTUALE
Fortemente d'accordo	9	30%
Accordati	21	70%
Neutro	0	0%
Fortemente in disaccordo	0	0%
Disaccordo	0	0%
TOTALE	30	100%

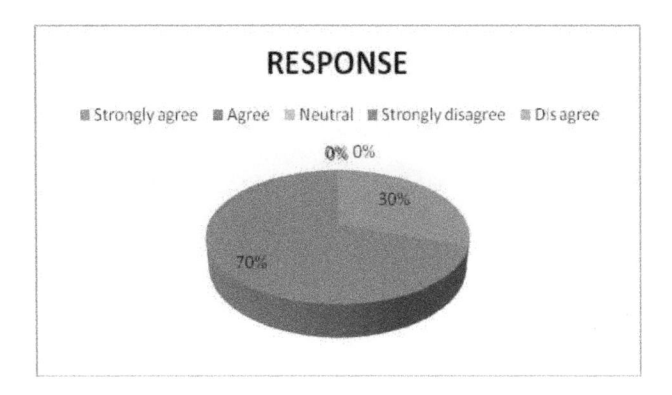

RESPONSE

Strongly agree ■ Agree ■ Neutral ■ Strongly disagree ■ Disagree

0% 0%
30%
70%

Interpretazione:-

Dal grafico precedente, si osserva che il 100% degli intervistati ha accettato il "sistema di suggerimenti" attuato dall'azienda.

5) Il lavoro utilizza la maggior parte delle mie competenze e capacità.

TABELLA NO4.5

PARERE	RISPOSTA	PERCENTUALE
Fortemente d'accordo	3	10%
Accordati	12	40%
Neutro	9	30%
Fortemente in disaccordo	3	10%
Disaccordo	3	10%
TOTALE	30	100%

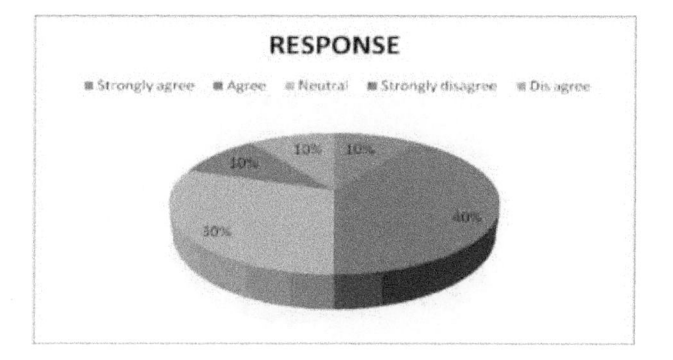

RESPONSE

■ Strongly agree ■ Agree ■ Neutral ■ Strongly disagree ■ Disagree

Interpretazione:-

Dal grafico precedente, si osserva che il 50% degli intervistati ha accettato l'idea che i bisogni formativi possano essere identificati attraverso l'attuale lavoro che utilizza la maggior parte delle mie competenze e abilità, mentre il 20% degli intervistati non ha accettato l'affermazione.

6) Sono pronto ad assumermi ulteriori responsabilità con il mio lavoro

TABELLA NO 4.6

PARERE	RISPOSTA	PERCENTUALE
Fortemente d'accordo	3	10%
Accordati	18	60%
Neutro	6	20%
Fortemente in disaccordo	3	20%
Disaccordo	0	0%
TOTALE	30	100%

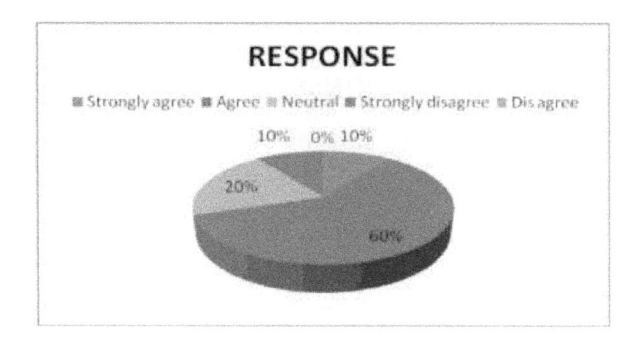

RESPONSE

■ Strongly agree ■ Agree ■ Neutral ■ Strongly disagree ■ Disagree

10% 0% 10%
20%
60%

Interpretazione:-

Questo dato mostra chiaramente che la maggior parte dei dipendenti ha accettato che il sistema di qualità della vita lavorativa valuti in modo equo l'assunzione di responsabilità aggiuntive rispetto al mio lavoro.

7) Il lavoro è soddisfacente

TABELLA NO4.7

PARERE	RISPOSTA	PERCENTUALE
Fortemente d'accordo	12	40%
Accordati	6	20%
Neutro	9	30%
Fortemente in disaccordo	0	0%
Disaccordo	3	10%
TOTALE	30	100%

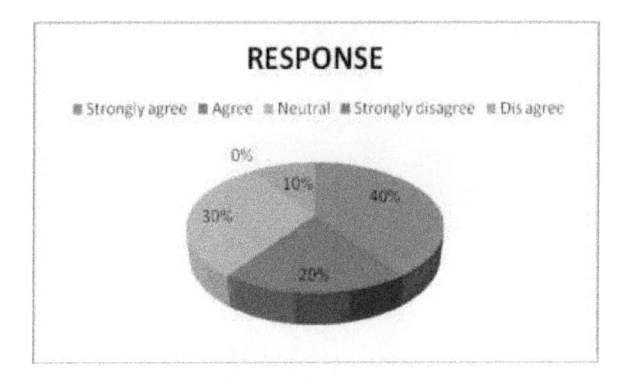

RESPONSE

Strongly agree ■ Agree ■ Neutral ■ Strongly disagree ■ Disagree

Interpretazione:-

Dal grafico precedente, si osserva che il 60% dei dipendenti ha accettato che il lavoro è soddisfacente, mentre il 30% degli intervistati è rimasto neutrale e il 10% non ha accettato l'affermazione.

8) L'azienda comunica ogni nuovo cambiamento che avviene.

TABELLA NO4.8

PARERE	RISPOSTA	PERCENTUALE
Fortemente d'accordo	12	40%
Accordati	9	30%
Neutro	6	20%
Fortemente in disaccordo	3	10%
Non sono d'accordo	0	0%
TOTALE	30	100%

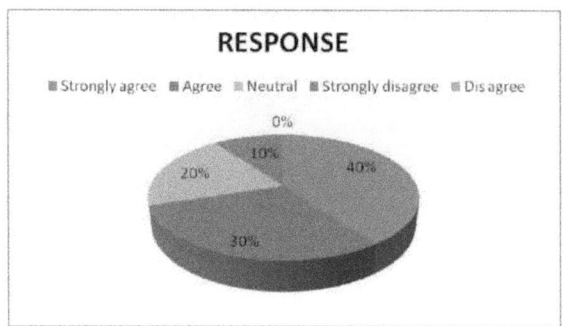

RESPONSE

Strongly agree ■ Agree ■ Neutral ■ Strongly disagree ■ Disagree

0%
10%
20%
40%
30%

Interpretazione:-

Questa figura mostra chiaramente che il 70% (40% fortemente d'accordo, 30% d'accordo) degli intervistati ha accettato che l'azienda comunichi ogni nuovo cambiamento che avviene ai dipendenti.

9) I programmi di formazione dovrebbero essere condotti in modo più esteso.

TABELLA NO4..9

PARERE	RISPOSTA	PERCENTUALE
Fortemente d'accordo	9	30%
Accordati	9	30%
Neutro	12	40%
Fortemente Non sono d'accordo	0	0%
TOTALE	30	100%

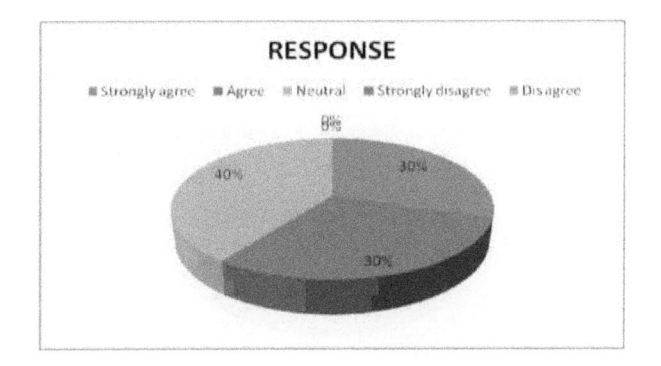

Interpretazione:-

Da quanto sopra, si è osservato che la maggior parte degli intervistati concorda sul fatto che i programmi di formazione dovrebbero essere presi in considerazione in modo più esteso.

TABELLA NO4.13

PARERE	RISPOSTA	PERCENTUALE
Fortemente d'accordo	6	20%
Accordati	15	50%
Neutro	9	30%
Fortemente in disaccordo	0	0%
Disaccordo	0	0%
TOTALE	30	100%

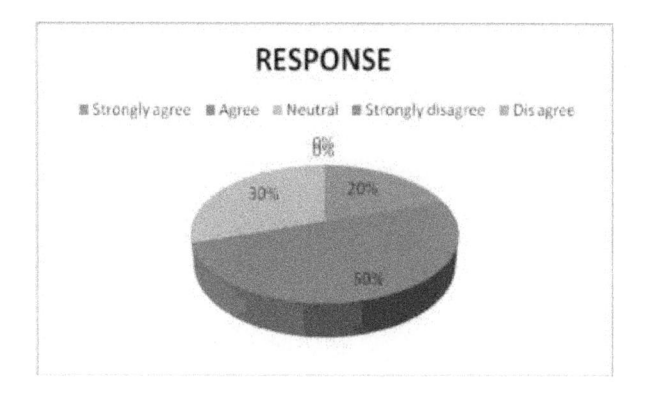

RESPONSE

■ Strongly agree ■ Agree ■ Neutral ■ Strongly disagree ■ Disagree

Interpretazione:-

Dalla tabella è emerso che la maggior parte dei dipendenti è d'accordo sul fatto che l'organizzazione fornisca servizi di welfare.

TABELLA NO4.11

PARERE	RISPOSTA	PERCENTUALE
Fortemente d'accordo	0	0%
Accordati	9	30%
Neutro	15	50%
Fortemente in disaccordo	6	20%
Disaccordo	0	0%
TOTALE	30	100%

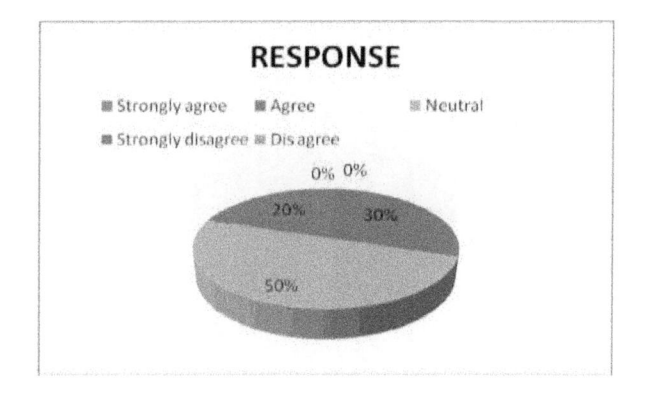

RESPONSE

- Strongly agree
- Agree
- Neutral
- Strongly disagree
- Disagree

0% 0%
20% 30%
50%

Interpretazione:-

Questo dato mostra che solo il 30% degli intervistati ha accettato la formazione offerta dall'azienda, mentre il 50% è rimasto neutrale.

12) Il feedback datoci sul lavoro svolto dai supervisori è.

TABELLA NO4.12

PARERE	RISPOSTA	PERCENTUALE
Fortemente d'accordo	3	10%
Accordati	9	30%
Neutro	12	40%
Fortemente in disaccordo	6	20%
Disaccordo	0	0%
TOTALE	30	100%

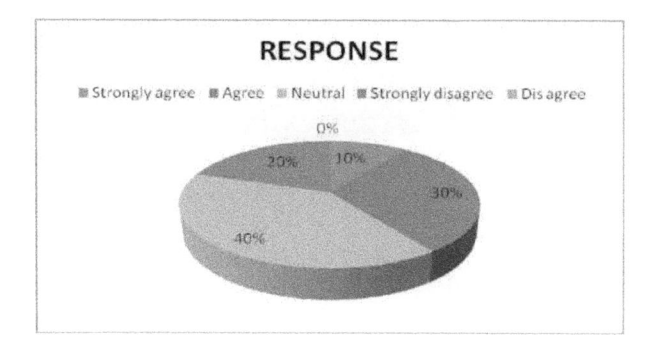

RESPONSE

■ Strongly agree ■ Agree ■ Neutral ■ Strongly disagree ■ Disagree

Interpretazione:-

Dalla figura si evince che il 40% dei dipendenti è d'accordo con il feedback dato dai supervisori sul lavoro svolto, mentre il 40% è neutrale rispetto a questa affermazione.

TABELLA NO4.13

PARERE	RISPOSTA	PERCENTUALE
Fortemente d'accordo	0	0%
Accordati	9	30%
Neutro	18	60%
Fortemente in disaccordo	3	10%
Disaccordo	0	0%
TOTALE	30	100%

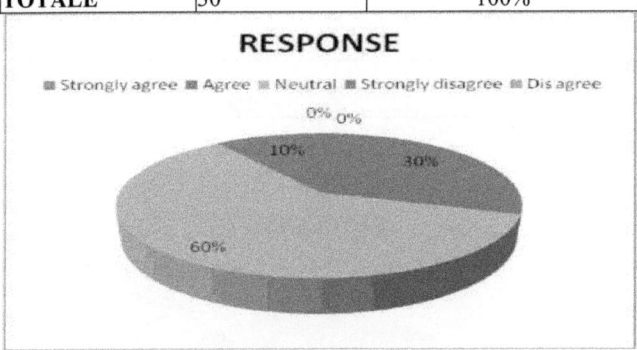

RESPONSE

■ Strongly agree ■ Agree ■ Neutral ■ Strongly disagree ■ Disagree

- 0%
- 0%
- 10%
- 30%
- 60%

Interpretazione:

Dalle risposte dei dipendenti si evince che la maggior parte degli intervistati è rimasta neutrale e solo il 30% dei dipendenti è d'accordo con gli orari di lavoro dell'organizzazione in BSNL.

Sintesi

La qualità della vita lavorativa (QWL) è diventata una questione importante nelle imprese manifatturiere. In termini di condizioni di lavoro, le imprese orientate all'esportazione devono mantenere gli standard internazionali. Tuttavia, le condizioni di lavoro stanno cambiando a causa del progresso tecnologico. Inoltre, è stato osservato che la tecnologia ha cambiato anche la cultura del lavoro nelle imprese manifatturiere.

La qualità della vita lavorativa è un concetto degli scienziati comportamentali e il termine è stato introdotto per la prima volta da Davis nel 1972 (Mother, 1989; Han e Einstein, 1990). Secondo Robins (1990), la QWL è un processo attraverso il quale un'organizzazione risponde alle esigenze dei dipendenti sviluppando meccanismi che consentono loro di partecipare pienamente alle decisioni che disegnano la loro vita sul lavoro".

Nella società preindustriale il lavoro veniva svolto nella stessa comunità in cui si viveva. Si conosceva la persona che produceva le scarpe, i vestiti, il latte e il formaggio e i mobili. Si socializzava con queste stesse persone e le si aiutava in caso di bisogno. La ragione esigeva che i lavoratori subordinassero la propria esperienza dei ritmi naturali alla logica dell'efficienza" (Brisker, 1996, p. 100).

Colui che potrebbe essere stato il primo umanista della rivoluzione industriale è stato in realtà considerato antiumanista dalla maggior parte delle persone. Frederick Taylor era noto soprattutto per i suoi studi sul tempo e sul movimento, che sono stati considerati disumanizzanti perché davano alla dirigenza un controllo rigoroso sulle prestazioni dei lavoratori.Lo scopo di questo studio è stato quello di esaminare la cultura organizzativa delle organizzazioni considerate ambienti di lavoro favorevoli ai dipendenti. La domanda di ricerca era: in che modo i programmi e le politiche per la vita privata e lavorativa si relazionano con la cultura di un'organizzazione?

L'evoluzione della QWL è iniziata alla fine degli anni '60, enfatizzando le dimensioni umane del lavoro e concentrandosi sulla qualità delle relazioni tra il lavoratore e l'ambiente di lavoro.

L'industria indiana delle telecomunicazioni, con circa 584 milioni di connessioni di telefonia mobile a marzo 2010, è la terza rete di telecomunicazioni al mondo e la seconda in termini di numero di connessioni wireless. L'industria indiana delle telecomunicazioni è quella che cresce più rapidamente al mondo e si prevede che l'India avrà un "miliardo e più" di utenti di telefonia mobile entro il 2015. Secondo le proiezioni di diverse società di consulenza leader a livello mondiale, la rete di telecomunicazioni wireless indiana supererà quella cinese nei prossimi due anni. Si prevede che il settore raggiungerà le dimensioni di 344.921 crore di Rs (76,92 miliardi di dollari) entro il 2012, con un tasso di crescita superiore al 26%, e genererà opportunità di lavoro per circa 10 milioni di persone nello stesso periodo. Secondo gli annalisti, il settore creerebbe occupazione diretta per 2,8 milioni di persone e indiretta per 7 milioni. Sono stati compiuti sforzi sia a livello governativo che non governativo per migliorare le infrastrutture. L'idea è quella di aiutare le moderne tecnologie di telecomunicazione a servire tutti i segmenti della società indiana, culturalmente diversificata, e di trasformarla in un Paese di persone tecnologicamente consapevoli. È degno di nota il fatto che la base di abbonati alla telefonia mobile indiana sia cresciuta di 10 volte in soli 4 anni (da 7,56 milioni di abbonati nel dicembre 2001 a 75,94 milioni di abbonati nel dicembre 2005) e poi nei 4 anni successivi di 7 volte (da 75,94 milioni di abbonati nel dicembre 2005 a 525,94 milioni di abbonati nel dicembre 2009). Nei primi due mesi del 2010 si è registrato un record di 38,59 milioni di abbonati alla telefonia mobile.

La liberalizzazione iniziò nel 1981, quando il Primo Ministro Indira Gandhi firmò un contratto con la francese Alcatel CIT per la fusione con la compagnia statale di telecomunicazioni (ITI), nel tentativo di installare 5.000.000 di linee all'anno. Ma ben presto la politica fu abbandonata a causa dell'opposizione politica. Invitò Sam Pitroda, un NRI statunitense, a creare un Centro per lo sviluppo della telematica (C-DOT), ma il piano fallì per motivi politici.

In questo periodo, dopo l'assassinio di Indira Gandhi, sotto la guida di Rajiv Gandhi vennero istituite molte organizzazioni del settore pubblico, come il Dipartimento delle Telecomunicazioni (DoT), VSNL e MTNL. In questo regime si verificarono molti sviluppi tecnologici, ma gli operatori stranieri non erano ancora autorizzati a partecipare al settore delle telecomunicazioni.

Bharat Sanchar Nigam Ltd (BSNL), la versione aziendale dell'ex DOT, è nata il 1^{ost} ottobre 2000. Dalla costituzione di BSNL, lo scenario indiano delle telecomunicazioni si è trasformato in un mercato a più operatori e a più prodotti, con dimensioni e segmenti di mercato diversi. Nell'ambito dei servizi telefonici di base, la catena del valore si è suddivisa in servizi di base, operatori a lunga distanza e operatori internazionali a lunga distanza. **Bharat Sanchar Nigam Limited** (nota come **BSNL**, India Communications Corporation Limited) è una società di telecomunicazioni di proprietà dello Stato in India. BSNL è il quarto fornitore di servizi cellulari, con oltre 63,45 milioni di clienti a marzo 2010, e il più grande fornitore di telefonia fissa in India. La sua sede centrale è a Bharat Sanchar Bhawan, Harish Chandra Mathur Lane, Janpath, Nuova Delhi. Ha lo status di Mini Ratna, uno status assegnato a rinomate aziende del settore pubblico in India.

BSNL dovrebbe avere una chiara strategia tecnologica in linea con la sua missione di fornire servizi con tecnologie all'avanguardia di livello mondiale a prezzi accessibili. Poiché l'industria delle telecomunicazioni è soggetta a frequenti rivoluzioni tecnologiche, i cicli dei prodotti sono molto brevi. BSNL dovrebbe puntare su prodotti innovativi basati su tecnologie convergenti per acquisire una posizione di mercato dominante. Questo obiettivo può essere raggiunto con

- Sostituzione immediata di tutte le tecnologie obsolete,

- La riqualificazione delle capacità non utilizzate dovrebbe essere presa in considerazione per prima.

- Introduzione precoce di tecnologie Wi fi/Wi max economicamente vantaggiose

- Migrazione alla NGN (Soft Switch) su larga scala, che non consentirà la perfetta integrazione delle tecnologie future.

- Aumentare gli investimenti di capitale nelle tecnologie convergenti, anche se ciò rende superflue alcune tecnologie in uso.

(QWL) in termini di significato e di costrutti, in particolare dal punto di vista dei professionisti delle tecnologie dell'informazione (IT). In primo luogo, passiamo in rassegna le definizioni di QWL per giungere a un significato conclusivo di QWL. In secondo luogo, descriviamo chi sono i professionisti dell'IT e perché la QWL è significativa per loro. In terzo luogo, discutiamo i costrutti teorici della QWL e le ricerche che hanno utilizzato questi costrutti per evidenziarne l'importanza per la professione IT e la performance organizzativa. Infine, concludiamo formulando un paradigma concettuale di QWL che possa ispirare la ricerca futura nel campo della QWL.

La recente definizione di Serey (2006) sulla QWL "è abbastanza conclusiva e risponde meglio all'ambiente di lavoro contemporaneo. La definizione si riferisce a un lavoro significativo e soddisfacente. Include

(i) un'opportunità di esercitare i propri talenti e le proprie capacità, di affrontare sfide e situazioni che richiedono un'iniziativa e un orientamento autonomi;

(ii) un'attività ritenuta utile dalle persone coinvolte;

(iii) un'attività in cui si comprende il ruolo dell'individuo nel raggiungimento di alcuni obiettivi generali; e

(iv)   un senso di orgoglio per ciò che si fa e per ciò che si fa bene. Questo aspetto del lavoro significativo e soddisfacente viene spesso unito alle discussioni sulla soddisfazione lavorativa e si ritiene che sia più favorevole alla QWL.Questa rassegna delle definizioni di QWL indica che la QWL è un costrutto multidimensionale,

Costituito da una serie di fattori interrelati che devono essere attentamente considerati per essere concettualizzati e misurati.

Le industrie IT di molti Paesi in via di sviluppo, come la Malesia, stanno affrontando sfide enormi per soddisfare la domanda del mercato del lavoro. Una buona pratica delle risorse umane incoraggerebbe i professionisti dell'IT a essere più produttivi e a godere del proprio lavoro. Pertanto, la QWL sta diventando un'importante questione di risorse umane nelle organizzazioni IT. Politiche e procedure strategiche efficaci in materia di risorse umane sono essenziali per governare e garantire un'eccellente QWL tra i professionisti IT. Al contrario, misure strategiche inadeguate in materia di risorse umane, che non sono in grado di affrontare questi problemi, possono effettivamente distorcere la QWL, facendo fallire la visione delle organizzazioni di diventare competitive a livello globale. Pertanto, questa analisi cerca di suggerire il significato e ciò che costituisce la QWL dal punto di vista dei professionisti IT del settore.

Gli studi sull'impatto del lavoro flessibile sulla qualità della vita coprono un ampio spettro di analisi, che il più delle volte si colloca tra gli estremi ottimistici e pessimistici di questo spettro:

1. Le analisi ottimistiche sottolineano gli elementi positivi delle nuove modalità di lavoro: autonomia, competenze più elevate e maggiori possibilità di conciliare gli impegni lavorativi con quelli sociali.

Gli ex dipendenti stanno diventando "lavoratori a portafoglio": vendono i loro servizi a diversi datori di lavoro, sviluppano le loro competenze, la loro indipendenza e le loro capacità imprenditoriali.

Risultati

> Dai risultati dell'indagine è evidente che sia la qualità della vita lavorativa che le aspettative dei lavoratori nei confronti del sistema di qualità della vita lavorativa sono le stesse.

> Pertanto, un unico sistema di qualità della vita lavorativa può soddisfare le esigenze sia dell'azienda che dei lavoratori.

> Pertanto, il programma di qualità della vita lavorativa dovrebbe essere concepito in modo tale da consentire ai lavoratori di analizzare periodicamente il contributo del dipendente all'organizzazione.

> In questo modo il lavoratore può anche motivare i dipendenti che sentono di non avere una crescita all'interno dell'organizzazione e serve allo sviluppo dei dipendenti. La qualità della vita lavorativa può quindi essere utilizzata come strumento significativo per la crescita professionale.

> Un altro punto degno di nota è che, sebbene il sistema esistente sia soddisfacente, è emerso che è necessario cambiare il metodo di valutazione dei dipendenti e condurre programmi di formazione per migliorare le prestazioni dei dipendenti.

> I risultati suggeriscono che per il successo della qualità della vita lavorativa la credibilità del valutatore è di importanza fondamentale.

> Secondo il valutatore, i loro obiettivi non sono pienamente raggiunti dall'attuale processo di qualità della vita lavorativa.

> In BSNL il processo di qualità della vita lavorativa viene effettuato una volta all'anno.

> La qualità del lavoro svolto dal diretto superiore.

Suggerimenti

1. Programmi di orientamento da condurre per sensibilizzare i valutatori sull'importanza della qualità della vita lavorativa.
2. La valutazione a 360 gradi può essere adattata dall'azienda per una migliore valutazione di prestazioni
3. I dipendenti dovrebbero ricevere una formazione nelle aree in cui le loro prestazioni sono scarse.
4. Il processo sulla qualità della vita lavorativa viene effettuato una volta all'anno. Sarà

efficace se verrà svolto due volte l'anno.

5. Se il processo è strutturato in modo tale da consentire ai dipendenti di ottenere un feedback e di migliorare le proprie prestazioni.

6. L'organizzazione dovrebbe riconoscere i meriti del lavoro e apprezzarli per motivare i dipendenti.

7. Il sistema di qualità della vita lavorativa deve essere modificato ogni 5 anni.

8. La direzione deve valutare il calibro delle competenze individuali del dipendente e offrire una crescita di carriera.

9. Utilizzando lo sviluppo delle risorse umane è possibile assegnare a una persona un lavoro adeguato in base alle sue qualifiche, all'esperienza e dare anche la possibilità di scegliere il proprio interesse lavorativo e di autovalutarsi.

Conclusione

• Poiché le ricompense sono direttamente collegate al raggiungimento degli obiettivi, la definizione degli obiettivi e la qualità della vita lavorativa assumono la massima importanza.

• Il sistema di qualità della vita lavorativa è stato progettato professionalmente ed è monitorato dalle Risorse Umane.

• L'implementazione è responsabilità di ogni singolo dipendente e del suo supervisore.

• Il valutatore deve ricevere una formazione adeguata, che contribuirà notevolmente a migliorare la qualità della valutazione delle prestazioni.

• In conclusione, la qualità della vita lavorativa è uno strumento molto importante per influenzare i dipendenti.

• Dall'analisi e dall'interpretazione, si conclude che la maggior parte dei dipendenti è soddisfatta dell'attuale sistema di qualità della vita lavorativa e solo pochi dipendenti non sono soddisfatti del sistema, in numero trascurabile.

• Dall'analisi emerge chiaramente che la qualità della vita lavorativa viene utilizzata come strumento di motivazione per i dipendenti di BSNL. Secondo l'analisi e l'interpretazione, BSNL contribuisce a realizzare i sogni dei clienti.

Bibliografia
H Gestione delle risorse umane - Ashwathappa

- Gestione internazionale delle risorse umane - Chris Brewster

- Globalizzazione e gestione delle risorse umane - Tony Edward

- Manuali BSNLM

- Internet

- Sito web - www.bsnl.com.

Questionario

1. Le politiche salariali adottate dall'azienda sono,
a) Fortemente d'accordo
b) Accordati
c) Neutro
d) Fortemente in disaccordo

2. L'Organizzazione vi dà la libertà di utilizzare le vostre competenze nel vostro settore di lavoro.
a) Fortemente d'accordo
b) Accordati
c) Neutro
d) Non sono d'accordo
e) Fortemente in disaccordo

3. La direzione vi riconosce i buoni risultati ottenuti
a) Fortemente d'accordo
b) Accettare
c) Neutro
d) Non sono d'accordo
e) Fortemente in disaccordo

4. Come giudica il "sistema di suggerimenti" attuato dall'azienda?
a) Fortemente d'accordo
b) Accettare
c) Neutro
d) Non sono d'accordo
e) Fortemente in disaccordo

5.1. l lavoro utilizza la maggior parte delle mie competenze e capacità,
a) Fortemente d'accordo
b) Accordati
c) Non sono d'accordo

d) Fortemente in disaccordo

6.1. sono pronto ad assumermi ulteriori responsabilità nel mio lavoro,

a) Fortemente d'accordo
b) Accordati
c) Non sono d'accordo
d) Fortemente in disaccordo

7.Il lavoro è soddisfacente,

a) Accordati
b) Fortemente d'accordo
c) Non sono d'accordo
d) Fortemente in disaccordo

8.1. a società comunica ogni nuovo cambiamento che avviene.

a) Fortemente d'accordo
b) Accordati
c) Non sono d'accordo
d) Fortemente in disaccordo

9 I programmi di formazione dovrebbero essere condotti in modo più esteso,

a) Fortemente d'accordo
b) Accordati
c) Non sono d'accordo
d) Fortemente in disaccordo

10 Le attività di Welfare previste sono,

a) Fortemente d'accordo
b) Accordati
c) Non sono d'accordo
d) Fortemente in disaccordo

11 La formazione offerta dall'azienda è,

a) Fortemente d'accordo
b) Accordati

c) Non sono d'accordo
d) Fortemente in disaccordo

12 Il feedback che ci è stato dato sul lavoro svolto dai supervisori è: a) Fortemente d'accordo
b) Accordati
c) Non sono d'accordo
d) Fortemente in disaccordo

13. Gli orari di lavoro dell'organizzazione sono i seguenti,
a) Fortemente d'accordo
b) Accordati
c) Non sono d'accordo
d) Fortemente in disaccordo